U0035521

Taiwan People News
台灣人的心頭話
01

《民報》評論選集

主編
劉志聰
陳永興

主編序　作時代見證，為台灣發聲

陳永興
前民報文化藝術基金會董事長

籌辦民報發起人共同聲明

我們醞釀著一個夢想……

我們希望台灣能有一份新的報紙誕生。

我們知道你可能和許多人或朋友一樣，乍聽之下的反應是：你們瘋了吧？你們是有錢沒地方花嗎？台灣媒體還不夠多、不夠亂啊……？

我們完全理解這些疑惑和善意的擔憂。

我們當然知道，在網際網路和電子媒體高度發展下，全世界許多曾經叱吒一時的報社都已逐漸結束他們的紙本新聞，至於台灣更從來沒有一個階段像現在這樣，媒體氾濫、萬眾爭鳴、百花齊放。

在這樣的潮流和環境下，我們無數次地問過自己：真的有一份新報紙存在的必要嗎？它存在的意義又在哪裡？

媒體開放曾經是無數人用意志、熱血甚至不惜賠上身家性命所奮鬥的目標，然而今天我們看到的卻是與原先的期待背離甚遠的結果。

多數的媒體為了搶奪有限的生存資源，利益的考量早已大於基本的信念，輕薄短小、色腥誇張、譁眾取寵似乎已經成為新聞的主流。

加上長久以來的政黨惡鬥，媒體背後的投資者各擁其主，各自為各自的意識型態和各自的擁護者服務。

近年來，我們無法否認，從某個角度來看，媒體在台灣似乎已經淪落成為一種生財以及類似的宣傳工具而已。

一位為台灣民主運動付出一生的前輩對台灣的媒體和公眾言論的現狀曾經這樣的感嘆，他說：「這是最喧囂的時代，卻也是最沉默的時代。」事實正是如此。

於是，不分晝夜，台灣處處喧嘩，但我們卻聽不到一點厚實有力的聲音。

媒體彷彿無所不在，但很多人卻找不到可以說真話、講道理的地方。

於是，台灣慢慢變冷了。冷的不是天氣，而是熱情、志氣；冷的是對這塊土地真心的關懷和愛，以及對她的未來曾經那麼殷切而且充滿自信的期待。

有些人甚至連心都冷了，冷到視而不見、聽而不聞，冷到無感、無言。

於是，我們逐漸看不清事物的真實面貌，聽不到可以心悅誠服的啟示，找不到可以共同尊敬的人，甚至看不到可以義無反顧、一心向前的願景。

因此，我們決定結合對台灣前途仍然有向上提昇力量、盼望的人。我們相信，在台灣社會仍然有許多熱心、熱情，以正面心態在看待台灣社會及前途，這款力量應該結合起來，用眾人的力量籌辦一份新的報紙，相信必然能對台灣社會形成正面提昇的力量，來創造一個新局面。

我們希望：未來這份報紙所反映、發掘與關心的每一個議題，都是真正敬業專業的人、對土地有熱情的人，秉著良心之筆而出的。這會是一個反映民間疾苦、吐露台灣民眾心聲的媒體平台。我們將提供開放的空間，能讓社運團體、弱勢團體、文化團體、環保團體、人權團體、教育團體、婦女團體、原民團體、醫療團體、工商團體、司改團體……等大家所關心的議題，可以獲得充分的討論；我們也希望能結合各行各業的專家，各個領域的學者，認真理性的在這報紙上探討台灣政治、經濟、社會、文化各方面問題，從多元的角度分析、評論，為台灣的將來深入思考我們共同的命運。不過，台灣的命運與亞洲、與世界所發生的一切是分不開的，因此這也會是一份兼具有國際視野、關心世界與人類未來的報紙。這是我們發起籌辦民報的心願！

我們知道辦報是吃力不討好的事，尤其是文字的閱讀和平面媒體的衰微是普遍的趨勢。但我們不願輕忽筆的力量和報紙對文化傳播與大眾思想的影響，所以我們戰戰兢兢誠實面對困難的挑戰，希望這份報紙的誕生能為黑暗中的台灣帶來一絲微弱的燭光，重燃台灣社會冷卻的熱情和希望，也照亮受苦的人們向前邁進的前程。

上面是二〇一三年我們發起籌辦《民報》時的共同聲明，二〇一四年四月十五日，經過一年籌備，《民報》正式創刊，經過八年的時間，我始終參與其中，歷經千辛萬苦也投入了許多心血，我們撐了八年的時間，見證了太陽花學運之後，台灣社會、政治、經濟、文化……個個層面重大的變化與挑戰。《民報》的作者群始終秉持著創刊時的理想和宗旨，為台灣發聲，為弱勢發聲，為公義發聲……，我們沒有財團的支持也沒有政黨的支持，靠著眾多關心台灣前途朋友的認同和小額贊助，讓《民報》走過八年的時間，二〇二二年四月，我下了決心將《民報》交棒給太陽花世代的年輕人，繼續傳承《民報》的精神。從一九二〇年代日治時期的臺灣文化協會發行《臺灣民報》，到一九四五年國民政府陳儀政權來台，當時的《民報》扮演批判監督的媒體角色，到一九八〇年代黨外雜誌鼓吹自由、民主、人權，百花齊放屢遭查禁，到二〇一四年我們又發行《民報》迄今二〇二二年，將近一百年的台灣人追求夢想：獨立建國打造公義社會提升進步文明的理想迄今未實現！

八年來，我們堅持以台灣人的主體性發行《民報》，不依附權勢，不盲從政黨，尊重言論自由及作者和讀者的獨立思考與判斷，提供充分開放的台灣本土輿論平台，充分反映台灣人民的心聲，為追求台灣人的理想而努力！現在我結束了自己的時代任務，交棒給年輕世代繼續努力！我請《民報》總編輯劉志聰兄，將八年來發表於《民報》的重要文章收集整理，涵蓋了三十五位作者的精彩言論（其中邱垂亮教授及陳銘堯兄的作品另有專書出版，就未收錄進來）出版為兩本選集留作歷史見證，讓讀者們能從其中回顧《民報》八年來走過的路，「作時代見證，為台灣發聲」是《民報評論選集》出版的心聲，希望得到讀者的共鳴！

主編序 混沌年代的言論座標

劉志聰
前《民報》總編輯

二〇一四年三月十八日太陽花學運爆發，籌備年餘的網路新媒體《民報》，也於當年四月十五日正式創刊。《民報》與三一八學運並無關連，卻不約而同地反應時代的脈動。當時馬英九第二屆總統任期即將過半，露骨親中路線引發社會疑慮，加深國家認同危機；又因治理失靈，民怨高漲，各種形態的社會運動風起雲湧，於三一八學運達到高峰，埋下政黨再輪替的伏筆。《民報》躬逢其盛，紀錄了大時代驚天動地的一頁，編採同仁以一雙拖鞋支撐一只 iPad，將學運訊息在第一時間傳布世界，展現新媒體的傳播威力，為學運留下經典畫面。

《民報》內容包括報導和評論，又以評論文章最具特色。創刊以來，秉持「為時代見證，替弱勢發聲」精神，針對台灣、兩岸、國際的政經、社會、文化重要議題，深度剖析，試圖撥開時代迷霧，凝聚社會共識，追求共同未來。《民報》媒體平台開放，堅持言論自由，聚攏無數海內外名家，共襄盛舉，撰發一篇篇別出心裁、擲地有聲的精彩文章，為時代留下珍貴的印記。

今年春，創辦人陳永興醫師以階段任務完成，決將《民報》交棒新世代接手，並選輯若干過去刊載的專欄文章，以實體書及電子版形式，結集交由秀威出版社出版，留做紀念。選輯文章涵蓋國家主權、台灣國際地位、兩岸關係、政府治理、政黨競爭、領導人誠信、經濟、國防、司法等面向。選輯文章雖由時事議題所觸發，但撰稿人以其豐富學養及深厚功力，得以跨越時效框限及時空條件，提出獨到見解及深度觀察，經得起時間的淬鍊。

當然，要將《民報》八年來刊出的文章，結集為篇幅有限的「書冊」，選輯過程不免陷入魚與熊掌的掙扎。也因此，我們強烈建議讀者直接進到《民報》網站（http://www.peoplenews.tw/），點入「歷史回顧」欄目，即可在舊《民報》網頁的「專欄」、「專文」欄目，快意瀏覽《民報》創刊以來所有文章，展開奇妙的思辨旅程，保證入寶山，滿載而歸。

《民報》相信，求真為媒體最核心的價值，假新聞殺死人們的思想，因此，我們堅持言論或報導應本諸良心說真話。《民報》編採言論內容或有疏漏，卻絕不刻意造假。秉持專業良知，在訊息混亂、真假難辨的媒體環境中，堅持說出真話，為時代留下見證。這也是《民報》的言論及編採準則。

《民報》強調台灣主體性，遵守法律規範，儘量做到尊重百分之百、或接近百分之百的言論自由。這本是媒體職責所在，卻是台灣媒體圈絕少兌現的承諾。《民報》對言論自由的理解及堅定信念，受到海內外關心時局人士的信賴，願意挺身而出，鼎力相助，共同為時代留下見證，為混沌年代樹立言論座標。

目次

作者群簡介

王伯仁

資深記者，主跑省議會及省政新聞廿餘年；曾任民報總主筆。

王塗發

美國加州大學聖塔芭芭拉校區經濟學博士。國立台北大學經濟學系退休教授。

王輝生

京都大學醫學博士，現任醫療法人輝生產婦人科內科小兒科醫院院長理事長。

江永芳

福丹大學法學院（紐約）法學教授，紐約州律師，台灣公共政策諮議會（美國）會長。

江建祥

政治大學法律系畢業，並在加州首府 McGeorge 法學院取得 Juris Doctor 學位。曾任南加州聖伯納帝諾郡副檢察官，後轉任律師服務洛杉磯僑界逾三十年。

余杰

以寫作為職業和志業，集政治名論家、散文作家、歷史學者、人權捍衛者於一身。

吳景欽

真理大學法律系所副教授兼刑事法研究中心主任。

宋亞伯

資深媒體工作者，歷史文化評論家。

李丁園

國立清華大學原子科學研究所碩士、芝加哥大學化學系博士。

李木通

美洲台灣日報社長、前大洛杉磯台灣會館董事長、前洛杉磯台美商會會長。

李筱峰

國立台北教育大學台灣文化研究所名譽教授。

林保華

資深政經評論家、中共黨史學者。

林健次

台大經濟系畢，Univ. of Oregon 大學經濟學博士。曾任美國本土銀行國際部；世界主要大宗物資公司駐台代表；淡江大學國際企業經營系副教授、系主任。

林進嘉

奇美醫學中心精神醫學部主治醫師。

南方朔

作家、詩人、評論家及新聞工作者，曾任民報總主筆。

施正鋒

曾任淡江大學公共行政系主任、國立東華大學原住民族學院院長，現任東華大學民族發展與社會工作學系教授。

洪博學

曾任報社總編輯、國際公關公司主管，著作有「蔣介石支持台獨」、「籠蛇爭霸中國」等書，現為自由作家。

張正修

前開南大學法律系系主任、台灣社會科學研究者。

張旭成

美國賓州州立大學政治系名譽教授，曾任國安會副秘書長、二至五屆立法委員、民進黨駐美代表、駐巴林王國代表、玉山周報總主筆。

「漢光演習」應該要全盤脫胎換骨了！

王伯仁

預定七月十三日展開全國性防衛作戰的「軍事演習」——漢光演習，不料七月三日在左營桃子園海灘發生兩艘陸戰隊突擊登陸艇翻覆，造成二名戰士殉職的不幸事件。民進黨智庫——新境界文教基金會副執行長吳怡農，因此在網路發文，批評軍隊訓練，長期以來大多是為了「表演需求」，應該改演練那些可能性高、派得上用場的項目。針對於此，蔡英文總統指出，吳怡農的說法「不盡公平」，國防部聯戰處長林文皇則說：對於「不實言論」，國防部表達嚴正立場，因恐傷害國軍勤訓精練的努力及成果。

吳怡農這番「直白」的話，之所以引起外界注意，不但因為他不久前才在台北市代表民進黨和國民黨黨國之子蔣萬安競選區域立委，雖失利但聲勢赫然，是民進黨新生代冉冉上升的新星，他也擔任執政黨智庫的副執行長。此番直白批評，打破了傳統政黨政治「一言堂」的潛規則，批評對象又是直屬總統兼黨主席的國防權責，在政治倫理上，大有「僭越」的冒犯，所以，蔡英文毫不保留反擊為「不盡公平」，國防部也假三軍統帥之威，表達「嚴正立場」，若在早年威權時代，吳怡農恐怕面臨「肅殺之氣」籠罩。

漢光演習已淪為陳年老戲

不過，現在已是二〇二〇年，時代不一樣了，在總統、國防部和英粉一面倒圍攻吳怡農氛圍下，剛卸下立委職務「裸退」的民進黨「大砲」段宜康，就毫不隱諱的跳出來為吳怡農辯白說：「他說的有什麼錯？」《自由時報》前任總編輯胡文輝，也在他的「胡，怎麼說」大力支持吳怡農「實事求是」的精神，連筆者忝為報界四十年老兵，日昨也在《民報》寫了一篇〈國軍要用海軍陸戰隊和空降部隊反攻大陸？〉，質疑國防部每年規劃演訓，總是摻和了許多並不「實際」的項目，例如台灣面對虎視眈眈的對岸中國，在人力物力相差懸殊情況下，唯有採取「絕對守勢」和「不對稱作戰」，才有遏阻敵方侵略維存的可能。但自一九八四年起，每年演練全國性防衛作戰的軍事演習——漢光演習，總是萬變不離其宗，以幾十年來建軍主軸「大陸軍主義」為骨幹，強調單兵槍法、行軍、海陸搶灘、蛙兵特攻、傘兵天降、坦克決勝灘頭，重砲防衛海岸……。咦？這不是幾十年來高唱「反攻大陸」的身影嗎？

不必諱言，雖然現代戰爭的早已由人力戰往科技戰大躍進、大挪移，但在實際上，「與時俱進」的作法，總趕不上時勢演變，換句話說，作為和想法，總有一大段落差，此落差如鉅木橫目，但總視而不見，譬如，每年漢光演習的重頭戲——海軍陸戰隊的搶灘攻擊，絕對是演訓焦點，但海軍陸戰隊成軍功能，為兩棲甚至陸海空軍聯合進攻作戰，最有可能是「反攻大陸」才用得上，守勢的不對稱作戰，用到機率微乎其微，以運動競賽為例，明明參加的是立技拳擊賽，但平常卻拼命練習柔道或地板技的柔術，冀望「跨界」而贏得比賽乎？又例如傘兵，縱使練就「神龍天降」之神技，是要仿效美軍組「空降師」遠征世界，或以小兵力空降突擊中國大陸沿海地區，建立反攻灘頭堡？再來等十四億同胞呼應，解救他們於水火苦難之中？

其實，蔡英文總統所謂「不盡公平」之話，語帶玄機，若從反面解釋，國防部身為國家軍事總規劃者及發令者，各級軍官士兵為命令執行者，國防部作戰計劃室怎麼規劃，轄下各軍種各級部屬就怎麼執行，例如大學學測，教育部規劃公布的課綱是甲式，實際學測時卻是乙式，教莘莘學子如何準備和應對？戰爭亦同，明明是守勢，目標是阻絕戰爭於海峽中線或至少灘頭前，平常拚命演練的卻是搶灘博命或空降於敵人大軍上空？這種演訓規劃對於基層國軍士官兵而言，當然是「不盡公平」！生命關天，更不是「官大學問大」的笑話。

總統為憲法上「三軍統帥」，兵法上更有「統帥無能，累死三軍」的反面警語，蔡英文總統，出身富貴豪門之家，當然也是堂堂正正的三軍統帥，但私底下要有自知之明，知道自己的軍事素養並非天縱英明，如何因應時勢變遷和內外情勢，均衡各軍種錯綜複雜的權力和關係，首先要虛心學習以待，而非講究人情事故，牽親引戚，以聽掌聲為樂，被悠忽為傲，那阿扁在任巡視軍隊，連「您是我的巧克力」諂諛之辭都出來了，卸任下台之後，又是如何？

所以，三軍統帥，不能以「我是你們最大的靠山」來驕寵個別軍隊，造成是非不明，賞罰不分，領導統御之大忌也。對於此次漢光演習預演之不幸事件，亦應冷靜以待，整體宏觀檢討，不宜偏聽，做出明智決策，則殉職之士官兵犧牲才有價值，否則，不計大局，斤斤計較於旁枝末節，智者不為也。

二〇二〇年七月九日

國軍演訓應「實事求是」

王伯仁

國軍漢光卅六號實兵演習，近日如荼如火展開，除在台灣東部外海實施海空聯合操演，在台中甲南海灘和屏東加祿堂也都有反登陸作戰操演，日前也先演練西部各型戰機，移轉東部花蓮機場轉接佳山基地的實力保存演練，此次漢光演習，原則上有較以往歷次演習，往「實事求是」的原則精進，但尚有不足，類似海軍陸戰隊兩棲突擊車AAV7和突擊橡皮艇的項目，和沒有在媒體露面的傘兵空降，未來都值得在「實事求是」為核心的要求下，為台灣防衛實際需求做一番剴切檢討，不因循、不苟且，大破大立。

「實事求是」四個字，是我們很多學校的校訓，可見它蘊含的道理，簡單又重要。說個題外話，在中國大陸國共內戰鬥爭中，毛澤東引為核心思想的就是「實事求是」，國民黨方面，則比較重視正規、儒家倫理等形式表面功夫，所以在無情的鬥爭中敗下陣來。後來「實事求是」就成為中共思想理論的核心。在毛之後，鄧小平在一九六〇年代所提出「貓論：不管黑貓、白貓，能捉到老鼠的就是好貓」，此句話在他掌權採開放改革政策，尤其南巡後，迅速傳播開來，做為解決社會主義計劃經濟和資本主義市場經濟的「融合劑」，「先讓一部份人富起來」的炫麗口號，使共產主義大幅向資本主義傾斜，國家經濟力大大提高，但也增加了強霸世界的野心。

黨國威權陰魂揮之不去

在此，引用「貓論」，來引伸「實事求是」的重要性是有目的的。不可諱言，台灣社會雖然已由長期威權壓迫，而歷經民主人士的奮鬥，解除戒嚴已經三十三年了，專門控制政治思想言論和行動的刑法第一百條，也廢除廿八年。「思想無罪」法則獲得確立，然黨國威權陰魂仍舊在空中盤旋不去，「國軍」仍脫不了「國民黨軍」幻化變形，從三軍官校還是遙奉「黃埔」為國民革命發源地，國民黨「黨國」仍是黨駕凌於國之上，軍中文化多有沿襲形式作假那一套，使軍隊國家化、現代化的進程，革外艱辛，換言之，「實事求是」的精神，無法徹底落實於軍隊和各級政府行政機關中，舉例來說，從此次漢光卅六號演習的預演，可以看出一些端倪。

此次漢光演習的預演，最震撼人心的莫過於七月三日（二〇二〇年）海軍陸戰隊在左營桃子園海灘的登陸突擊演練，由於海象不佳，造成二艘突擊艇翻覆和二名戰士的殉職，演習如同作戰，當然有其危險性，然此不幸事故，卻引來漢光演習怎麼由海軍陸戰隊，在演練兩棲搶灘登陸作戰的深深疑惑？年初參加台北市立委選舉表現不俗的吳怡農，於臉書提出這個看似不是問題的問題，卻引來一堆英粉和綠色圍事者，大加撻伐，甚至有平面媒體小專欄批評：「陸戰隊不演練搶灘登陸，傘兵不演練跳傘，那陸戰隊和傘兵部隊，不都是應該解散了？」是的，大哉問！但吳怡農們的疑問，並不是要海軍陸戰隊不要演練搶灘登陸，傘兵不要跳傘訓練，而是質疑在台灣絕對守勢的不對稱作戰最高指導原則下，國軍重要編訓海軍陸戰隊，是要搶哪裡的灘？登哪裡的陸？傘兵要坐 C-130 空降跳到哪裡包抄敵人？

打開天窗說亮話，幾年前國防部和參謀本部內，曾經有裁撤海軍陸戰隊之芻議，但消息一出，就引起此所謂「第四軍種」相關人員群起反彈，甚至有包圍國防部之冒進，驚動了所謂「三軍統帥」，急忙出面安撫，誓為後盾，此議未經深入討論，只好夭折。此次搶灘發生不幸事件，海軍陸戰隊的功能，又被提出來探討，傘兵部隊也一樣，或許有人謂我們是美軍裝備和編制，美國以海軍陸戰隊和空降師為精銳部隊，我們豈能不一樣？此話大錯特錯，因為美國是民主陣營率領者，有「世界警察」之稱，快速打擊力量是其軍隊要素，台灣則為絕對守勢，南北五、六百公里，萬一發生戰爭，軍隊調動尚有餘裕，而且戰爭型態已因武器裝備的大幅改變，已非傳統步兵、砲兵和裝甲兵的防禦可奏效，而是機動性大、火力強、射程遠、命中力高的海空和陸基飛彈、火箭的天下了。

再舉一例，此次演習，強調有後備人員兵力協同現役砲兵人員，操作發射一〇五榴彈砲拒海上之敵艦，這砲是二次大戰的主力火砲，七十年後還能發射砲彈，已經不錯了，但要十輪軍用卡車拖拉，射程僅十來公里，又容易曝光，在現代戰爭中，實在擺不上枱面，硬要的話，會淪為敵軍火砲、艦砲和火箭、飛彈的靶標，造成人員無謂傷亡，何苦用這種落伍的小砲，來充戰爭場面，陷我軍戰士於危殆之地？

又有關於傘兵功能，謂我方道路橋樑交通遇到破壞，可用傘兵空降敵後，進行反包圍逆襲，真是說的比唱的還好聽，我方有空降旅、空降師的實力嗎？沒有，那只好用小兵力空降敵後，豈不是成為肉靶？所以，我們實在沒有什麼空降制敵空間和機會，頂多演練好「反空降」才是正軌，而反空降和傘兵訓練，絕對不是同一回事，話說明白了，要「實事求是」的話，反空降當然十倍、百倍重要於空降，同樣的道理，縮編海軍陸戰隊，或是大幅調整海軍陸戰隊在反登陸作戰的角色功能，而不是依樣畫葫蘆，把訓練精良的海陸，猛往搶灘登陸訓練，在戰時，海陸健兒會發現「學非所用」，「角色錯亂」，那麻煩就大了。

此次漢光演習，我們看到了近年我軍精進的各種飛彈、火箭、快砲的實彈演習，甚至還有十三年未見的潛射重型魚雷戰雷射擊，也實際看到西部戰機順利轉場東部，保存空戰實力的演練，這都是符合「實事求是」大原則的，都較以往大大進步，令人欣慰，但也看到一些傳統守舊，演訓不符合實際可能的狀況，令人大有表演充面子的感覺，例如以上所舉海軍陸戰隊的搶灘登陸，傘兵空降、定點著陸，一〇五釐米小砲的演練，在在都不符合戰爭萬一發生時的需求，而強悍如美國海軍陸戰隊，也曾面臨軍種定位不明，功能受懷疑，幾乎被裁撤的命運，但隨著武器的發展，它求新求變，不但渡過裁撤危機，並成功成為鋼鐵般的不可或缺軍種，這樣轉變，無疑是「實事求是」為核心所帶來轉變的美果，我們的國軍，不應因循苟且，以拖待變，而是以先進武器發展為導向，求新、求實、求變，有為者亦若是。

二〇二〇年七月十七日

中壢詹女老師拒絕盤查，必須「上手銬釘腳鐐」嗎？

王伯仁

日前發生在桃園中壢後車站教音樂女教師詹慧玲，遇員警無緣無故盤查而拒絕，被以柔道大外割壓制在地，並強制帶回派出所，上手銬釘腳鐐，備受傷害和侮辱，最後送地檢署簡單訊問才開釋，前後已折騰九小時方恢復自由，身心甚受重創，控警濫權傷害瀆職，鄭文燦市長和檢察官則強調「秉公處理，不護短」，但人民要卑微的問：警察有配槍，又人多勢眾，就可以不顧法令「亹擺」嗎？

此案其實並不複雜，以筆者二十多年來關心警察濫權逮捕濫上刑具經驗，可直白說，該員警又是「耍威風」心態惹禍，而在同僚和分局「官官相護」下，演出明顯侵犯人權的醜劇。記得二十多年前升格院轄市前原台中縣豐原分局員警在路邊，發現一名婦女摘兩株價值不到五元的波斯菊，即以「現行犯」逮捕帶回派出所，上手銬釘腳鐐，再送地檢處，嚇得該婦人魂飛魄散；在雲林縣，某拾荒阿婆撿了一個路邊紙箱，被告發「竊盜」，也是哭著被上手銬送地檢署；北部一家書店，員警臨檢有疑似色情刊物，用手銬將看店的女工讀生帶回派出所送法辦，嚇得痛不欲生。

「微罪不舉」不該刁難人民

此三例，只有首例警方有認錯，警務處將豐原分局長記一大過調非主管職，理由是「訓練不足，督導不週」，惹事員警倒沒事。其餘二案似是不起訴處分，但案主已被員警「威嚇」的心身俱疲。尤其豐原路邊摘花的婦人，上手銬又釘腳鐐，好比槍擊要犯一般戒備，簡直拿大砲打小鳥，主事員警的心態已到了不可思議的地步，而警務處「懲從上起」也真是神來之筆，值得嘉許，但放過主事員警，未免有輕縱之嫌。最不可思議的是，該摘花案送地檢署已鬧的沸沸揚揚，檢察官偵查後，沒有採「微罪不舉」，反而以「加重竊盜罪」起訴，理由是婦人帶有小鏟子，有當「兇器」使用可能，故以加重竊盜罪起訴，幸得法官明查秋毫判無罪，否則真是嚴刑酷罰！

值得注意的是，以上三輕微案，主事員警都以「現行犯」逮捕，而在員警的慣性思維中，逮捕和「上手銬」是劃上等號的，甚至釘腳鐐也無不可，其實內政部在二十多年前就有頒訂「留置嫌犯使用戒具注意要點」，明白列舉各種狀況，做為手銬戒具等使用條件，最起碼是遇到反抗的因素，和雙方「力量」的對比，例如強警遇到弱婦，也就不必硬上手銬，更不用釘腳鐐了。還有身分考慮，像前總統阿扁被蔡守訓法官當庭逮捕，法警立刻上手銬，這又是

「羞辱式」的舉措，而雲林縣長蘇治芬與嘉義縣長陳明文被調查站移送偵查時，也是上手銬，以前總統之尊和一縣之長，既配合約談，「上手銬」不是羞辱是什麼？

中壢詹女老師案，姑且不論法令是非曲直，但一句「這樣做很蠢」，就被認為「妨害公務」現行犯，強制逮捕，並對老弱婦女上手銬釘腳鐐，比照「江湖大盜」伺候！警察兼檢察官兼法官乎？那像一個文明國家的警察？中壢分局還引經據典，認為該地區是「治安熱區」，（有沒有依法公告實施？），詹女又辱罵員警，構成妨害公務之嫌，且不依規定到派出所查證，所以動用強制力……等，均是依法行事！什麼跟什麼？標準的「官官相護」！只要問一句：鄭文燦市長，今天是你太太或女兒女友遇到類似衰事，你還心平氣和強調「秉公處理」而不會重視交查嗎？這不是個案，也不是特例，是整個警察教育和部分員警「心態」出了大問題，欺弱怕強，真不知羞恥和檢討！監察院還成立什麼人權委員會？你還望什麼大位？還有，新北市警局分局督察室「教官」酒醉鬧事，強徒衝分局砸電腦，明顯的「妨害公務」，卻又雙方「握手言和」，百里侯侯友宜也是問鼎大位的熱門人物，是否因樹大好乘涼，員警姿態因而「水漲船高」？

警察執法不可逾越法律

警察是執法人員，非立法人員，所以不可自訂和逾越法律，自行其是，而在法律規定及執行中，「比例原則」是個重要的衡量標準，拿大砲打小鳥，甚至殺雞用牛刀，都是不適合比例的，三個悍警對文弱女老師大外割摔柔道（還好沒有過肩摔），壓制在地上，有沒有性騷擾之潛意識？像七歲小朋友被摔成腦死，警察賠得起嗎？（還是依職務行為不罰？）而詹姓女老師被上手銬釘腳鐐，受盡羞辱，翌日返派出所控告員警，卻是一堆人噓寒問暖，何其前倨後恭也？

警察盤查並不是偵查手段，警大教授林裕順已明白指出，（大法官五三五號解釋亦有明示），他並痛陳盤查是為澄清可疑原因，而非立法上的「為查明人民身分」，立法意旨不明，導致後續規範紊亂，如今除迅修法外，警政機關所說「加強教育訓練」已十數年了，至今仍存在「你在瞄我」、「我沒看過你」、「配合的話，一、二分鐘就解決了」（這句話也可以對被性侵的人講啊！）幼稚的執法意識中，執政黨完全執政，也要完全負責啊！

二〇二一年四月二十七日

拘役三個月等於廿五年徒刑？

王伯仁

此文主題：拘役三個月等於廿五年徒刑？乍看之下是誤繕，或不懂算術或邏輯之胡言亂語，但非但不是誤繕，更不是胡言亂語，而是台灣刑法的規定和事實，日前有兩件無期徒刑犯坐了一、二十年牢，獲假釋出獄後，因再犯罪（一件是得易科罰金極輕之罪），結果要重回監獄再服廿五年「殘刑」！這是什麼樣的法律？什麼樣的算術？假釋犯的人權就不是人權了？

三個月拘役，得易科罰金為九萬元，廿五年殘刑等於三百個月，是三個月拘役的一百倍，何止天地之差？是什麼樣的「魔術」法律，使以致之？是刑法七十八條第一項規定：「假釋中因故意更犯罪，受有期徒刑以上之宣告者，撤銷其假釋，但假釋期滿逾三年者，不在此限」。

服「殘刑」之法理，在於規範假釋者，出獄後要循規蹈矩，否則要再付出服殘刑的代價，其於一般有期徒刑假釋者，因再犯罪，而取消「假釋」的免關優惠，有一定嚇阻再犯罪作用，其刑期頂多和原刑期一樣長，還算有部分合理性，但構成條件為「因故意更犯罪」，則嫌太籠統，易使再犯輕罪者，動輒回籠服數年甚至最長廿五年的殘刑，規定未免太粗糙含混，尤其以無期徒刑犯為然，近例為一殺人無期徒刑犯，坐牢十多年假釋出獄，二年後因酒駕，被處拘役三個月（得易科罰金），但因屬「故意再犯罪」，此假釋者被撤銷假釋，要再回籠服廿五年「殘刑」！殘刑比他已坐過的牢還要長，幾乎可以說要「老死獄中」了，為什麼？只因為再犯三個月拘役（得易科罰金九萬元）！

撤銷假釋輕重不分，太荒謬！

對於類似此例的荒謬規定，其實二〇一八年五月司法改革會議，早已認為：此撤銷規定，受假釋人一旦故意更犯罪，不論罪名，亦不論所受有期徒刑刑度為何，假釋將一概撤銷，此操作恐使已逐漸回歸社會之被假釋人，因觸犯輕微之罪名，致原先重刑之假釋遭到撤銷，從刑事教化或經濟角度，均，亦有「輕重失衡」之虞。結論是要求修正刑法七十八條規定，使具有裁量空間，而非一律撤銷假釋而服「殘刑」。

司改會議如此決議，但法務部遲遲未有修法動作，監委仉桂美為此申請調查，曾經約談法務部次、司長等相關官員，劉明堂政次表示：「此規定有違反憲法第七條平等原則、第廿三條比例原則，而與法治國原則與正當法律程序原則，『未盡符合』」仉監委據此提出調查意見，要求法務部提案儘速修法，而法務部亦報院提修正案，去年十月才經政務委員羅秉成召集二次會議審竣，但如今又半年了，還是沒經院會通過立法院修法！而刑法七十八條所導致「再犯輕罪卻罷重刑」不合比例原則，亦不合司法人權保障原則的案例，一再發生，法官縱使有憐憫之心，但亦絲毫無救助之法，依規定要在半年內撤銷其假釋，令其再服長短不等的殘刑，也才有本文主題：「三個月等於廿五年徒刑」令人難以置信的刑罰！

或許有人會認為：「亂世用重典」，但此傳統俗諺實在是戕害法治國的觀念，懲治貪污治罪條例規定貪瀆最重可判死刑，但幾十年來可曾有一例？倒是戒嚴時期，軍方以軍法槍斃了數名包括上校軍法官在內的軍官，所貪不過十數萬元而已，但是可有儆效？所以，假釋後更再犯，不分再犯罪名輕重，毫無裁量彈性，一律撤銷假釋，那顯然是「亂世用重典」的殘留餘緒在作怪了。

司法改革會議兩年前就做出修正結論，監委也約談法務部政次司長，正式提出調查報告，要求法務部儘快修正，但急驚風遇到慢郎中，兩年時間還出不了行政院大門，遲延修法期間，不知道又要有多少「倒楣鬼」要重蹈拘役三個月等於廿五年徒刑的荒謬？怪不得民眾批評蔡政府司法改革四年來原地踏步，其來有自啊！

二〇二〇年三月二十日

台灣經濟因「脫美入中」而由盛轉衰

王塗發

台灣與中國之經貿關係，在兩蔣時代「漢賊不兩立」與「三不政策」下，完全沒有交流的空間。台灣政府在一九九〇年八月發布「對大陸地區從事間接投資或技術合作管理辦法」之後，台灣與中國的經貿關係才重新展開，很快就形成一股中國投資熱潮。在一九九六年發生台海飛彈危機，前總統李登輝先生採取「戒急用忍」政策，以顯示台灣是個主權獨立的國家，其經濟主權操之在我，台灣的中國投資熱才稍微降溫。

二〇〇〇年政黨輪替後，由於國會朝小野大，陳水扁總統的施政頻遭掣肘。為了因應當時爆發的國際網路泡沫危機，並化解在野黨（國、親、新泛藍陣營）的抵制，民進黨政府乃在二〇〇一年召開「全國經濟發展會議」（簡稱經發會），幾乎是全盤接受主張西進的蕭萬長與產業界的意見，決定對中國採取「積極開放、有效管理」政策，放棄「戒急用忍」政策，大幅放寬製造業對中國投資，而掀起另一波中國投資熱潮。但因仍未對中國「全面開放」，而被中國國民黨批評為「鎖國」政策。

二〇〇八年再度政黨輪替，中國國民黨的馬政府上台後，馬上對中國採取「全面開放」政策，並開放金融服務業與中國交流，且與中國簽署「兩岸經濟合作架構協議」（ECFA），而造成另一波更大的中國投資熱潮。台灣與中國的經貿交流乃更加深化。馬政府積極建構「兩岸共同市場」（即「一中市場」），要與中國經濟整合（迎合中國的「經濟一體化」統戰策略），為其政治上的「終極統一」鋪路，目前更急欲通過「服務貿易協議」（簡稱「服貿協議」）。

由表一的資料可以看出，在陳水扁「積極開放」期，經濟部核准台商投資中國，平均每年金額大幅提高到68.23億美元，是李登輝「戒急用忍」期每年25.57億美元的2.67倍；在馬英九「大幅開放」（全面開放）期，平均每年金額更大幅提高到117.07億美元，是「戒急用忍」期的4.58倍、「積極開放」期的1.72倍。比較研究台灣與中國經貿關係的演變與台灣長期經濟發展的軌跡（參照表一與表二），不難發現，台灣與中國的經貿關係和台灣的經濟成長呈現高度負相關；即兩國的經貿關係愈密切，台灣的經

表一　對中國投資件數及金額

金額：百萬美元

	每年平均件數	每件平均金額	投資金額
摸索期（1991-96）	1,940	0.59	1,146
戒急用忍期（1997-2000）	2,834	0.9	2,557
積極開放期（2001-2007）	1,938	3.52	6,823
大幅開放期（2008-2011）	759	15.43	11,707
合計（1991-2011）	39,572	-	111,697

資料來源：經濟部投審會

註：本表取自吳榮義，二〇一二年九月，「台灣的中國政策與亞太區域和平」。

濟成長率就愈低！早期台灣與美國、日本等已開發國家發展密切的經貿關係時，台灣的經濟發展很輕易的被這些大經濟體先進國家往上拉升（平均每年經濟成長率達 8％以上）。相反的，當台灣自二〇〇一年逐漸「脫美入中」，與中國經貿關係愈緊密結合後，經濟成長就愈緩慢（平均每年經濟成長率在4.5％以下），甚至被開發中的大經濟體中國拉下來而向下沉淪。

台灣早期採取「出口擴張」的外向型經濟發展政策，走「國際化」路線，以美國與日本為主的國際市場來帶動台灣的經濟發展。在一九八〇年代，台灣對美國的「出口依存度」曾高達40％以上，還一度接近50％，但自一九九〇年代以來就逐年下降，目前已降至11％左右；相反的，自一九九〇年代開始與中國經貿交流以來，對中國的「出口依存度」就逐年上升，目前已高達40％以上。台灣的經濟發展顯然是在走「脫美入中」的歧途。目前投資中國占台灣對外投資總額八成以上，對中國「出口依存度」達四成以上，等於在經濟上「把所有的雞蛋都放在同一個籃子

表二　台灣經濟發展簡表

年　期	平均每年經濟成長率
1950-1959	8.4%
1960-1969	9.2%
1970-1979	10.2%
1980-1989	8.1%
1990-1999	6.5%
2000-2009	3.4%
2000Q3-2008Q2	4.4%
2008Q3-2012Q2	2.7%

（資料來源：行政院主計處）

裡」。台灣實已步入經濟「中國化」的陷阱，已被鎖入中國。這也無異是將台灣的經濟命脈置於中國的掌握中，台灣的經濟安全風險非常大。

台灣與中國是兩個非常不對等的經濟體。在二〇一三年，中國GDP高達9.2兆美元，僅次於美國的16.8兆美元，居全球第二，而台灣僅將近0.5兆美元，兩者經濟規模相差非常懸殊；台灣是以民營企業為主的自由競爭市場經濟，中國則是國（公）營企業佔重要地位，且各級政府介入市場甚深的非自由競爭市場經濟。台灣一廂情願依自由市場競爭原則與中國經貿交流，不僅自陷於自由市場的迷思，更已為台灣帶來諸多不利的後果，包括：（一）國內投資不振，產業升級速度減慢；（二）產業空洞化，失業率居高不下；（三）出口品被中國產品取代的危機；（四）經濟成長動能不斷流失；（五）所得分配持續惡化；（六）經濟發展受制於中國，經濟安全堪憂。

馬政府為了建構「一中市場」，而與中國簽訂ECFA和「服貿協議」，將導致台灣經濟成長動能完全消失，而淪為中國經濟的附庸。而最大在野的民進黨內竟還有一大票主張「自信西進」者，為了重返執政而不惜競相取悅中國政府！台灣想依賴中國來發展經濟，無異是與虎謀皮、自掘墳墓。台灣如果還是執迷不悟，繼續採取「依賴中國，降低成本」的發展策略，而不改採「投資國內，提升價值，佈局全球」的發展策略，則台灣未來的經濟發展將完全由中國來宰制，台灣人民未來的命運將掌握在中國獨裁政府的手中！

二〇一四年六月八日

陪侍李前總統在沖繩弔祭台灣孤魂有感

王輝生

每逢六月二十三日沖繩之役的終戰日（沖繩慰靈日）前後，沖繩總是進入「路上行人欲斷魂」的梅雨季節，今天陽光難得展現笑顏，熱烈的歡迎台灣民主之父的到來，七十三年前，車轔轔、馬蕭蕭，在父母妻兒的哭喊淚雨聲中，被日本殖民者徵召驅使而離鄉背井，走上征塵的台灣健兒們，戰死加上失蹤者共有四萬五千多人，七十幾年來成為無國可歸的「可憐無定河邊骨，猶是春閨夢裡人！」，由於二戰終戰後，在舊金山和約中，日本宣布放棄對台灣的主權，卻對台灣的歸屬問題刻意不加著墨，導致台灣的國際定位至今仍然妾身不明，所以這些以日本兵身分被徵召驅赴戰場的台灣人，雖然為日本而戰為日本而亡，死後居然在日本領域內成為無人聞問的孤魂野鬼。

每逢陰雨綿綿的梅雨時節，「舊鬼煩冤新鬼哭、天陰雨濕聲啾啾」一年復一年的哀問蒼天，祖國在那裡？因為爹不親、娘不愛，故鄉台灣的統治者國民黨視他們如寇仇敵人，是數典忘祖的皇民漢奸而置之不理，當年驅使他們上戰場的殖民統治者日本則認為他們是無主之鬼，棄之如敝屣，摩文仁之丘是沖繩戰役的最後決戰地，在此矗立著三百多座包括韓國在內的慰靈塔，碑上銘刻著廿四萬名當年犧牲者的姓名，唯獨台灣付之闕如，二年前才在旅日台僑許光輝博士及台日和平基金會的熱心奔走下，樹立「台灣之塔」並承蒙蔡英文總統落款。

殫精竭慮的發動「寧靜革命」，和平的將台灣導入自由民主國家之林的李前總統，以九十五歲高齡專程於六月二十四日前來這個古戰場，在駐日謝長廷代表的全程陪侍下參加「台灣人戰亡者慰靈碑」的揭幕式並在碑上題字「為國作見證」，弔祭淪落海外、無國可歸的台灣孤魂野鬼，一方面用行動來告誡窮兵黷武者，戰爭的代價就是製造人間煉獄，另方面也無言的在提醒日本人，這七十幾年來，日本是如何冷淡無情的對待當年與他們並肩浴血奮戰，為了護衛日本國而犧牲生命的台籍日本兵。

逝者已矣、來者可追，千里迢迢遠道而來的台灣前總統在碑前發表演說，語調悲切、略帶哽咽但鏗鏘有力、意簡言賅的呼喚台灣及日本的人民，務必記取戰爭的慘痛教訓，不要忘記台日之間有過五十多年榮辱與共的共同歷史，也曾經有四萬五千人的台籍日本兵為日本國而犧牲生命，如今台日共享自由民主的價值觀，台日之間已經是命運共同體，日本理應善盡其未竟之責，與台灣同氣相應、彼此扶持，為台日的共存共榮而加倍努力。

台灣的四百年史就是一部血淚交織的被殖民史，每一代的殖民統治者，為了斬草除根的剷除前朝勢力，對於護衛台灣有功的前朝英靈，都視如寇讎，冠加惡名，被迫跟從明鄭「反清復明」者、被後來的統治者清廷視為海賊倭寇或朱明餘孽，追隨唐景崧的台灣民主國抗日者、被後來的統治者日本視為清國奴或支那土匪，受迫當日本兵參加二戰者、被後來的統治者國民黨視為數典忘祖的漢奸皇民或二鬼子走狗，如果有一天台灣不幸被統一，又改朝換代的話，那麼我們這一代被迫陪侍國民黨反共抗俄、殺朱拔毛的人豈不成為未來統治者眼中的蔣匪國特，而為了黨國拋頭顱灑熱血，現在奉祀在忠烈祠的國民黨烈士們，也恐難逃其英靈被鞭屍的噩運。

台灣人為了護衛台灣這塊土地而犧牲生命，其磅礡正氣應該是凜烈萬古存、一一垂丹青，然而殘酷的實情告訴我們，由於四百年來，台灣都是外來統治者的刀俎魚肉，在殖民者的眼中，台灣人是蜉蝣賤命，而捍衛台灣的烈士們不是被埋沒在荒煙蔓草中，就是淪落異域成為無主的孤魂野鬼，面對外來的殖民統治者，台灣人如果想，明哲保身的寄蜉蝣於天地，別無他途可供徘徊，不是選擇「乘桴浮於海」的漂泊海外，就是選擇俯首稱臣，任供驅遣以求苟全生命於亂世，這是生為台灣人的悲哀也是死為台灣鬼的悲哀。

歷史昭昭而且殷鑑不遠，以古誡今，想一勞永逸的擺脫，身為台灣人、鬼兩悲的歷史宿命，就要痛定思痛的排斥一切外來勢力的殖民統治，唯有台灣人民自已當家作主，才能實踐孟子「民為貴，君為輕，社稷次之」的民主理想，只有體會老子的「小國寡民」思想才能落實台灣人民「甘其食，美其服，安其居，樂其俗」的自由生活，確保提昇台灣「自由民主人權法治」的普世價價，才是台灣長治久安之王道，至於國內有些憧憬嚮往西方樂土的人士，也可以充分尊重他們的自由，「駕鶴」西歸與否就悉聽尊便吧。

今天的摩文仁之丘，陽光燦爛，有幸陪侍耄耋之年的李前總統在此憑弔流落異域的台灣孤魂，感念「蒼龍日暮還行雨」，老驥伏櫪雖然志在千里，但「廉頗老矣，尚能飯否？」南國的艷陽雖嬌，但四百年來冰鎮在台灣人內心深處的悲情，還是難以消融，身為旅日台僑，初臨此丘，遙望故土，滿目茫然，去國懷鄉之情油然而生，不禁感極而悲，有感而發。

二〇一八年六月二十四日於沖繩那霸空港

探討中華民國在國際法上的政治體制（地位）

江永芳

* 有關本文所觸及的觀念和理論請參照作者文：State, sovereignty, and Taiwan, *Fordham International Law Journal*, Vol. 23, No. 4, pp. 959-1004. April 2000 和最近出版的 *The One-China Policy: State, Sovereignty, and Taiwan's International Legal Status, Elsevier, Oxford, England*（二〇一八）一書。

一、引言

五月二十日蔡英文就任第二任總統時，步上講台，向掛在牆上的青天白日滿地紅的布旗和孫中山的相片鞠躬。青天白日滿地紅的旗是中華民國的國旗。孫中山是中華民國的建造者。蔡英文對這兩件東西鞠躬意味著她要維護這兩件東西所象徵的中華民國體制，保持現狀。

中華民國在國際法上是什麼樣的政治體制？這個問題和中華民國對世界上現存國家進行外交，簽訂條約，參加國際組織，甚至這些國家對中華民國的外交承認有重大的關連。本文僅就「中華民國」的體制在國際法上的政治地位加以探討。

國際法上國家的觀念和主權的理論是西方的產物。探討這些觀念和理論，非使用西方語言的原文，不會了解真正的觀念。中文的「國」英文可譯為 state、nation 或 country。但是這三個英文字的意思並不盡相同。Nation 有多種意義，它可以指國家，亦有「民族」的意思。譬如「nation state」指民族國家。十八世紀法國革命以後，法人使用法文「nation」指他們的國家，意味共和國家。但是，nation 一詞到二十世紀已經沒有原來的意思。比如 The League of Nations（國連）和 The United Nations（聯合國）的名字都意味兩個世界組織是由 nations 組成。但是，兩個國際組織的會員不盡是民族國家，也不盡是共和國家。Country 一詞也有多種意義。它可以指國家，也可以指一個地域（如蘇格蘭），也可以指「鄉下」。

只有 state 一詞有嚴格的意義。除了用以指事務的狀況以外，state 一詞在政治理論和國際法上指國際法上有人格的政治體制，在法理上具有主權（法文 souveraineté; 英文 sovereignty）的國際成員。本文使用的「主權」一詞是基於法國人布丹（Jean Bodin）所創說的主權論上的主權，不盡和台灣一些政府官員（「有選舉總統就是有主權」）或政論家用的有相同意思。

英文 State 一字用於指國家是源自義大利文 stato。十六世紀政治兼政論家馬基雅佛利（Machiavelli）在一五一三年用義大利文寫的「郡主（The Prince）」一書中，首次採用 stato 一字描述十一世紀以後在義大利北部的郡邦（principalities）。這些郡邦，名分上雖然是在神聖羅馬帝國屬下，但實際上行政獨立，不受神聖羅馬帝國的管治，已成為擁有最高度自主權的政治體制（政體）。

布丹（Bodin）在一五七六年用法文寫的《國家六書》（Les Six Livres de la République，英文 The Six Books of the Commonwealth）一書寫主權論，描述當時義大利北部郡邦和少數王國的權力。本文把書名譯為《國家六書》，因為十六世紀時法文 la République 和英文的 the Commonwealth 指封建制度下的「國家」。當時的法文和英文都沒有和義大利文 stato 同義的字。法文的 état 和英文的 state 都是指有封土的郡主，是指人不是指政治體制。後來法人採用 état 英人採用 state 來稱呼這種有最高度自主權的政體。近代的政治理論家稱這種體制的國家為「現代國家（The modern state）」，以別於以前的「封建體制的國家」。

宗教戰爭（一六一八～一六四八）結束後，神聖羅馬帝國屬下的郡邦（principalities）正式在威特發立亞和平條約獲得和其他郡邦和其他國家簽訂條約的權力。這個權力是後來產生的國際法上國家的要素之一。在德意志地區的郡邦遂變成與義大利的 stato 同等級的政治體制，有兩百多個。因為德文沒有和義大利文 stato 的同義詞，德人採用德文 Staat 一字稱他們的新政體。宗教戰爭結束後，各個現代國家依布丹（Botin）的主權論，有最高無限制的主權。西歐各國為了互相牽制無限制的主權，共同制定國際法來互相約束。下文使用英文的 State 代表西歐所指的國家來討論。中文的「國」，也有多種意思。它可以指國家，也可以指朝代（政府），甚至可以指地區（「北國的風光」）。本文使用「國家」兩個字來指國際法上的 state 一詞。在討論中華民國的政治體制以前先來看國際法上國家和政府的關係。

二、國家與政府

在這裡，先就歐美對國家和政府的觀念做一個簡單的分析。在歐美政治哲學和政治理論上，國家（State）的觀念和政府（government）的觀念分得很清楚。國家是以領土本位有主權的政治實體。政府是管理這個國家的人或團體，國家成立時就有一個國名，也必定有一個政府，因為政府是國家的要件之一。譬如，英國一〇六六年建立英格蘭王國（Kingdom of England）。以後的王朝（Houses），像 Tudor, Stuart，Hanover，Windsor，都是英格蘭王國（英國）的朝代，是管理國家的政府。政府時常更換，但是國家仍舊繼續。西法蘭克人公元八四三年建立法蘭西（France）國以後，歷經許多朝代（Dynasties）。這些朝代是法蘭西國的政府，國家仍舊是法蘭西（France）。

十七世紀，繼歐洲封建國家以後，「現代國家（The modern state）」興起。當時在遠東有一個大國。英國人叫 China，法國人叫 La Chine，德國人叫 Das China。那個國家自稱大清帝國，大清或是清朝。同時代的日本德川幕府叫這個國家「清國」（音 Shin koku）。自一八八六年日本維新以後，日本人隨著德國人叫這個國家「シナ」（Das China，讀音西那），漢字「支那」。一般中國人認為「支那」一詞有侮辱中國人的意味而忌用。

歐美的國家認為這一個國家是秦始皇在公元前第三世紀建立的。因為秦始皇建立帝國，名秦帝國，傳到當時歐洲的羅馬帝國時，羅馬人叫這個國家Chin（拉丁文讀音秦）。秦朝以後羅馬人繼續叫這個國家Chin。第五、六世紀，德文、英文和法文開始發展後德國人用Das China，法國人用La Chine，英國人用China來叫這個國家。英文China、法文La Chine和德文Das China的字都是源自拉丁文Chin。為了討論方便，本文採用「柴那」（音譯英語China）一詞做為歐洲語言對這個國家的通稱。（暫不使用「中國」一詞，因為「中國」一詞用來指這個國家是中華民國成立以後。）這個國家雖然經過漢、隋、唐、宋、元、明、清各朝代，西方也繼續叫這個國家「柴那（China）」，認為漢、隋、唐、宋、元、明、清各朝都是「柴那」國的朝代（政府）。

中國的政治理論家都在論說國王（皇帝）如何管理國家和人民。道家老子主張國王治理國家最好的方法是「無為」。儒家孔子主張國王以仁德治國。法家李斯主張國王使用嚴刑治國。這些政治哲學家很少討論國家和政府的區別。這個國家的人自古用朝代的名字當國名。例如，唐國、大唐帝國、清國、大清帝國都是指西方人認知的「柴那」。在美國的China town叫唐人街。China town的人自稱唐人。自秦始皇建立西方叫「柴那」這個國家以後，一直到一九一二年孫中山的革命軍推翻清朝，沒有人用「中國」這一個字叫這一個國家（大唐律和大清律上沒有看到「中國」一詞）。

在國際法上，「柴那國」自一六四四年以後到一九一二年的政府是滿清政府。一八九四年，日本和滿清的戰爭叫「日清戰爭」。戰爭解束後，清朝和日本國簽和約，清人叫馬關條約。條約原文是用英文寫的，通稱 Treaty of Shimonoseki。但是正式的名稱是 Treaty between Japan and China（日本和柴那條約），不是 Treaty between Japan and Ching（日本和清朝條約）。因為國際條約是國家和國家之間的條約。這個條約是日本和「柴那國」的條約。清廷政府只是代表「柴那」這個國家在條約上簽字。

三、中華民國在中國

一九一一年，孫中山領導的國民革命軍推翻滿清政府建立中華民國。國民革命軍只是建立一個新政府，叫中華民國，並無創立一個新的國家。國家仍舊是「柴那」。這個新政府在國際上代表「柴那」這個國家。依國際法上一個法則，由政府向外國和外國人借貸未還清的國債，繼任的政府仍須負責。所以，當年滿清政府為了建造鐵路向外國貸款而發行的公債是國家債務，中華民國政府有義務償還。中華民國的政府到台灣後還承認這個國家的債務。自中華民國政府成立以後，「柴那」人開始叫他們的國家「中國」，稱他們自己是「中國人」。

一九四九年，中國共軍擊敗中華民國的國軍，建立中華人民共和國。蔣介石和中華民國政府逃出中國到台灣。中國共產黨創立的中華人民共和國是一個新政府，不是一個新國家。他們的國家仍舊是「柴那（中國）」。

四、中華民國在台灣

中華民國政府逃出中國避難到台灣以後沒有變成國家。蔣介石一心反攻大陸，無意在台灣建立新國家。蔣經國想以三民主義統一中國，也無意在台灣建立新國家。國民黨的李登輝主張的「無所謂的台灣獨立」，和不主張獨立的「兩國論」都沒有把中華民國政府變為國家。修改一九四五年的南京憲法由人民選舉國會代表或總統都沒有脫離南京憲法的架構。國際法上，總統人民直選不是國家的要件，也不是主權的象徵。陳水扁說出「一邊一國」使台灣人振奮一時。但是，使用關閉的電視對一群私人團體講話並不構成向國際公開宣示建立新國家。何況，事後他繼續自稱是中華民國的第十二屆的總統，依中華民國的憲法運作。國民黨的馬英九更不用說。他在總統就職典禮時說台灣只是一個（中國的）地區。蔡英文堅持「保持現狀」。此次就職典禮，仍表示維持中華民國政府體制，當然沒有，也不可能把中華民國政府變成國家。

以上分析的結論是中華民國在台灣仍舊是一個政府，沒有變為國家。它是一個依一九四七年中華民國南京憲法建構的政府，只是台灣人現在取到政權，當領導者。

總括來說，中華民國沒有變成國家的基本理由有二：

（一）中華民國政府到台灣後未曾宣告建立新國家。

（二）政府的領導人在國際事務上不以國家的形態做外交。

五、中華民國不是國家的實證

當今的中華民國在台灣是一個統管台灣的政府，不是國際法上的國家（State）。這點可由兩個國際外交事件來證明。第一件是聯合國一九七一年的第 2758 號決議。該決議認定中華人民共和國政府的代表是在聯合國合法代表中國，「蔣介石『中華民國政府』的代表竊佔了這個代表的席位。」這個決議是有關中國的代表權的問題，不是有關會員的問題。中國仍舊是會員。中華民國政府的代表退出聯合國時，中華民國政府不再代表中國，當然不會因而變成國家。

第二件是外交上的承認。一個國家與另一個國家做外交的能力包括給予外交承認的能力。外交上的承認有兩種：國家的承認和政府的承認。國家的承認是承認國表示願與受承認國平等交往（易）的宣告。政府的承認是一個國家承認某一個政府合法代表另一個國家。因為一個國家只能有一個政府，其他的國家只能承認他國一個合法的政府。國家的承認和政府的承認性質不同。國家的承認是永久的。所以，對國家的承認不能撤銷。相對地，一個國家對他國的政府的承認可以撤銷。譬如，美國於一九一三年承認中華民國是中國的新政府；但是於一九七九年承認中華人民共和國政府是中國這個國家的新政府，同時撤銷對中華民國政府的承認。一九七九年，美國沒有，也不可能撤銷對中國（柴那）國的承認，只是撤銷對中華民國政府的承認——美國不再承認中華民國政府代表中國。

六、結論

近幾年來中美洲和非洲很多國家可以撤銷對中華民國的承認證明中華民國在國際法上是一個政府，不是一個國家。這些國家撤銷對中華民國的承認表示這些國家不再認定中華民國政府合法代表中國。最近，統管台灣的中華民國政府對外自稱「中華民國（台灣）」。在「中華民國」的後面加上「台灣」沒有也不能把中華民國政府變為國家。英美不稱它是「政府（government）」，而稱它是「統管當局」（governing authority）。

※筆者按：台灣是不是一個國家是另一個不同的議題，不是本文討論的範圍。

二〇二〇年七月二十一日

評論北美洲台灣人教授協會對蔡英文總統「博士論文爭議」的聲明——並回答王泰澤教授

江永芳

※筆者按：本文原係一張私人信回答王泰澤教授的問題。經王教授的同意把它公開。

泰澤兄：

你（二〇一九年十月十五日）問我十月十四日北美洲台灣人教授協會（以下簡稱教授會）發表的聲明，是否符合教授會發表聲明的程序。我只能用我所知道的教授會來回答你的問題。我要分做幾個段落來說我的意見。

一、教授會成立的目的和宗旨

一九八〇年高雄美麗島事件發生以後，很多台灣的領導人物被捕入獄。當時，我在紐約的福丹大學法學院教書。我接到在芝加哥大學任教的廖述宗教授的電話。他說在北美洲的台灣人在學界教書或研究的有數百人，他要創立一個教授會，用政治力量來拯救在台灣被國民政府抓去關的人，希望我加入組織。早在一九六二年我到芝加哥大學讀書時，廖教授已經在那裡教書多年。彼此知道我們在政治上的觀點和立場相近。我欣然同意，做為原始會員。因為這個會是免稅的非營利團體，其宗旨不能有政治目的，尤其是牽涉外國的。從一九八〇年教授會成立到二〇〇〇之間二十年，我當了五年的理事。也就是說，到二〇〇〇年時，教授會存在的二十年期間，有四分之一的時間，我以理事、副會長、會長的身份參與了教授會的運作。

在頭二十年，教授會做了很多事情，包括對外基於教授會的理念發表聲明。在程序上，教授會的章程（Constitution）和會規（Bylaws）沒有規定發表聲明的程序。實施上，聲明的事項是由會長或理事提出理事會討論後，表決而由會長發表。因為會長代表教授會發表教授會的意見和立場，會長除了代表教授會發表理事會授權的聲明以外，不自己發表自己私人意見的文章，以免外界誤解會長自己的意見是教授會的立場或主張。

二、教授會的聲明

教授會常常對台灣有關的政策或言論，基於教授會的宗旨和理念發表立場和主張。但是，教授會的章程（Constitution）中有一項對教授會的活動，包括發表聲明，有禁制。章程第五條有如下的規定：Article 5 “No substantial part of the activities of the association shall be the carrying on of propaganda, or otherwise attempting to influence legislation, and the association shall not participate in, or intervene in (including the publishing or distribution of statements) any political campaign on behalf of any candidate for public office. Notwithstanding any other provision of these articles, the association shall not carry out any activities not permitted (a) by a corporation exempt from federal income tax under section 501(c) (3) of the Internal Revenue Code of 1954 (or the corresponding provision of any future United States Internal Revenue Law) or (b) by a corporation to which contributions are deductible under section 170 (c) (2) of the Internal Revenue Code of 1954 (or the corresponding provision of any future United States Internal Revenue Law)"。

亦即〔節譯上段英文〕「教授會，和美國稅法，禁止（教授會）做任何政治活動；支持或替任何公職候選人宣傳，站台。」這個行為的禁制也包括教授會分會的活動。此項禁制載於教授會登記在伊利諾州政府的組織章程上。在法制位階上聯邦法和州法高於章程（Constitution），章程高於會規（Bylaws）。故理事會無權依會規（Bylaws）第三條的權限做違背章程的行動發表聲明。再者，教授會從來沒有對某個人的言行或不關公共的事務發表聲明。那些事務，不是教授會要或應該牽涉的。

三、十月十四日教授會發表的聲明

你的問題是十月十四日教授會發表的聲明，沒有經過會員表決同意，是否違背教授會發表聲明的程序。我認為沒有違背教授會的章程（Constitution）和會規（Bylaws）。此次教授會發表的聲明有兩個議題。一個議題是林環牆教授的報告。另一個議題是蔡英文的 Ph.D. 的論文。兩個議題雖然相關，實質不同。就聲明的內容有幾個問題可以討論。第一個問題有關聲明的性質；第二個問題有關聲明中的爭點和證據；第三個問題有關教授會發表聲明的目的。以下我把這些問題表示我的意見。

四、聲明的性質

十月十四日教授會發表的聲明的內容對教授會是一個很異常的聲明。我沒有看過教授學會以前發表過類似的聲明。該聲明有關的要點是（a）就一件文件是否是 Ph.D. 的論文和（b）蔡英文有無 Ph.D. 的論文。這兩個議題與政府或國家的政策或行動無關，更沒有牽涉到教授會的宗旨和理念。不過，教授會既然發表了聲明，我就來做一個分析。

無 Ph.D. 論文爭論教授會輸掉議題

五（一）、聲明中對第一個議題的爭點和證據

在評論爭點的辯論以前，先就一條證據法則解說一下。對一種（個）事務（事情）的「有或沒有」、「存在或不存在」兩方有爭議時，主張「有」或「存在」的一方負有舉證（拿出證據）的責任。因為，如自然法則一樣，「無」和「不存在」的事務（事情）是不可能證明的。

我先來討論第一個議題中的要點之一。教授會的聲明說，林環牆教授說蔡英文總統沒有 Ph.D. 的論文是在抹黑蔡英文總統。我讀了林教授四十幾頁的原始報告，是林教授去倫敦大學政經學院婦女圖書館，親身審查寄存那裡的一本黑皮書後寫的報告書。他的報告結論是「在倫敦大學政經學院婦女圖書館的黑皮書不是 Ph.D. 的論文」。姑不論是誰的，以免混淆

爭點（Issue）。另外，林教授的報告也說，從其他資料查不到蔡英文寫的論文。

教授會的聲明中說「甚至有人指控LSE與蔡英文同謀造假。」自聲明的後文「前會長林環牆的言論不代表協會立場。」看來，很顯然上述的「有人」在指林環牆教授；也就是說林教授的結論是不實的。教授會這一段聲明顯然是針對林教授的報告而言。

果如此，聲明中的爭點是「在倫敦大學政經學院婦女圖書館的那本黑皮書是不是一本Ph.D.的論文？」林教授說不是，在他的報告中有詳細的說明。但是，教授會的聲明中，對這個爭點並沒有表示意見，更談不上提出什麼證據。要反駁林教授的意見，只有教授會會員或其他學者親身去倫敦大學政經學院婦女圖書館，審查存在那裡的一本黑皮書以後寫報告說「那本黑皮書是一篇Ph.D.的論文」。這樣才能就這一個爭點有兩個不同的證據來做審查而採證。教授會的理事們是否盡職地在表決贊同發表聲明以前，做這種證據的調查和採據的審斷，我不得而知。不過不知道也沒有關係，因為，聲明中對這個爭點未做任何聲述，在法律上因為「沒有答辯」而輸了這一個議題的爭論。

只引用他人的話卻未積極拿出證據

五（二）、聲明中對第二個議題的爭點和證據

教授會的聲明中第二個議題是蔡英文的Ph.D.的論文。這個議題的爭點是蔡英文有沒有

Ph.D. 的論文。林教授的報告經過檢驗許多文件，指出其中不少互相矛盾的資料，而結論說所有證據都無法證明蔡英文有 Ph.D. 的論文，除非蔡英文拿出幾個她應該有的文件。

教授會的主張是蔡英文有 Ph.D. 的論文，但是並沒有積極拿出證據證明或指出已經出現的兩三個版本那一版本是蔡英文的 Ph.D. 的論文。教授會只引用他人的話來支持他們的意見和主張。教授會的聲明中指出「日前總統蔡英文母校倫敦政經學院（LSE）發布聲明，重申蔡總統的法學博士學位為真，且當年圖書館也確實有收到該博士論文。」所謂「日前。聲明」該指十月八日倫敦政經學院公共關係處發表的聲明。政經學院公共關係處發表的聲明繼續說「總圖書館的記錄顯示收到一本（論文）並送去 IALS。蔡博士最近以 FAX 送給倫敦政經學院圖書館私人保存本《不公平交易行為和安全設施機制》在圖書館閱讀室供人閱讀。」倫敦政經學院公共關係處發表的聲明，語氣上意指該私人保存本就和原先送去 IALS 的論文一樣。但是，林教授在他的報告中已指出「該黑皮書不是 Ph.D. 的論文。」看來，教授會所依賴的倫敦政經學院公共關係處發表的聲明內容本身有問題。雖然有人質疑倫敦政經學院公共關係處發表的聲明的來源，這一點不是在這裡討論的範圍。現在，各方，包括林教授，都在等待蔡英文總統拿出她的 Ph.D. 論文，因為就兩三個出現的版本，閱讀過的人沒有一個人說有一篇是 Ph.D. 的論文。

指責林環牆抹黑蔡英文卻未提證據

六、教授會發表聲明的目的

教授會十月十四日發表的聲明，一方面指責林環牆教授抹黑蔡英文，一方面主張蔡英文有 Ph.D. 的論文。但是教授會就兩項主張都沒有正面來證明。

教授會的聲明最後說「蔡英文已就論文事件控告賀德芬、林環牆等人妨害名譽。」我不知道聲明提起控告的事有何作用和目的。是不是來加強教授會聲明的可信度？須知，指出蔡英文控告兩個人妨害名譽不能取代教授會提出論文的舉證責任。或者教授會的聲明用蔡英文刑事控告兩個人的事來恐嚇林教授？在台灣，就妨害名譽可以告刑事罪。妨害名譽之訴，依中華民國刑法是告訴乃論。也就是說，要有自稱受害者告到檢察處，檢察處才受理。盡職的檢察官必會調查證據，先訊問告訴人，被告的那個言論妨害了告訴人的名譽。妨害名譽罪最好的抗辯，除了「我沒有說」以外是「說的話是事實。」林教授的報告都是根據事實而來，說的話都有根據。再者，依上述證據法則，林教授不必，也不可能證明論文不存在。反而，主張「被告說找不到論文是講假話」的蔡英文，她必須拿出論文來證明被告講假話而妨害她的名譽。

事實上，蔡英文要告林教授刑事在訴訟法上也相當困難。第一，台灣的法院對住在美國的林教授沒有管轄權，只能請求美國的法院協助。第二，妨害名譽在美國是民事問題，美國的法院可能協助刑事案件，但不會插足民事案件。第三，就算刑事案件，台灣的法院要求美國的法院協助，必須提供相當有力的犯罪證據，如蔡英文這一件，包括提示蔡英文的論文。所以，教授會的聲明恐嚇不了林教授。

如果以上兩項都不是聲明的目地，教授會是不是用此次的聲明在替蔡英文解圍，讓她安心競選連任中華民國的總統？不會是吧。因為是的話，教授會難免涉嫌參與公職人員的選舉，不但違背前述教授會的章程第五條規定（見上面二、教授會的聲明），也觸犯美國的聯邦法律。

* 作者新著：《一中政策：國家，主權，和台灣在國際法上的地位》（*The One-China Policy: State, Sovereignty, and Taiwan's International Legal Status.* Elsevier, Oxford，耶色威出版社，英國牛津，二〇一八）。

二〇一九年十月二十八日

從美國陪審團的自由心證看蔡英文的論文門

江建祥

提筆之際，寄居的洛杉磯正野火燎原，灰燼飄揚，造成筆者老淚與涕泗縱橫。每年都避免不了的森林大火，令人回憶起白居易的「離離原上草，一歲一枯榮。野火燒不盡，春風吹又生」。白居易的詩詞歌賦平易近人，老嫗能解，美國的陪審團指導說明 Jury Instructions 也是一樣。

美國的陪審制為了要讓一般的平民百姓可以有效地參與審判程序的事實發現工作，特別制定了陪審團指導說明，把艱澀難懂的大道理透過平鋪直述的淺顯英文，撰寫成小學畢業程度就能懂的法律大全集，除了實體法之外，還籠括了證據法則。

任何經過嚴格訓練的審判律師 trial lawyer，在準備一個訴訟案件之始，一定會用陪審團指導說明當作起手式，因為不管訴訟案件多繁複，當訴訟接近尾聲，也就是最終審判的時候，一個審判律師西裝筆挺地站在陪審團面前時，必須把自己想像成白居易，希望面前那十二位「老嫗」可以透過淺顯的陪審團指導說明，和戲劇化的證據呈現，而了解他案子的必勝性。

蔡英文在論文門事件裡的「菈庭」表現，是完全不及格的，她「敗訴」的必然性完全是導因於她的「可信度」的破產。以下就以加州民事陪審團指導說明 Jury Instructions 有關證據法則的規定，對蔡英文截至目前為止以自己或透過代理人所做的辯駁或「證詞」做一種白居易式的解析。

證據會說話　請提論文、學位正本

一、可提出強力證據的一方卻捨強力證據而提出較脆弱的證據時，陪審團得不採信所提出來的較弱的證據。（加州民事陪審團指導說明二〇三條）

我們曾經解釋過依據英美法的 Document speaks for itself 證據法則，如果蔡的論文和學位是系爭問題，蔡有直接提出論文和學位證明原本或正本的舉證責任。單純用劉鐵錚大法官的證詞或 LSE 網頁上不知名人士的帖文或巧妙的網路連結，想要企圖間接證明蔡學位和論文的存在，不但違反上述的 Document speaks for itself 證據法則，甚至陪審團或任何裁判者都可以適用加州民事陪審團指導說明第二〇三條直接不採信所提出的「較弱的證據」，把劉鐵錚的證詞和 LSE 網頁相關資訊排除。

二、如果當事人一造故意隱匿或銷毀證據，陪審團可以認定該被隱匿或銷毀的證據對該當事人不利。（加州民事陪審團指導說明第二〇四條）

蔡英文稱她原本的所謂「國際經濟法博士」學位證明已經遺失。但是，蔡和她的代理人以及蔡友友們卻先後提出三種不同版本的補發證書。首先，世界上根本沒有所謂的「國際經濟法博士」學位。蔡所提出的補發本上也未註明學位是她在其過去發表過的「著作」裡所說的「國際經濟法博士」。陪審團得以認定那張所謂的「國際經濟法博士」證書根本不存在，或被蔡因為不明原因，故意隱匿或銷毀。陪審團得決定蔡那張「提不出來」的博士證書，對蔡是一項不利的證據。至於如何不利法，就看其他證據了。

蔡三十多年後補進去 LSE 婦女閱覽室的個人版本的「類」論文以及她欽令國家圖書管「收藏」的「類」論文除了違反 Document speaks for itself 原則之外，也因為蔡故意不提出她的論文原本或正本而不應被接受為原本博士論文存在的證據。蔡的博士論文如果真的存在過，至少下列的國內外圖書館應該有館藏的版本：（一）倫敦政經學院圖書館、（二）IALS 英國高等法學研究圖書館、（三）大英圖書館、（四）政大法律系或法律研究所圖書典藏、（五）政大社會科學資料中心。

隱匿證據　昭然若揭

上列的地方都找不到蔡所謂的「國際經濟法博士」論文，而唯一可能有該號稱可以拿到 1.5 個博士學位的論文的地方是保有蔡升等資料的政府單位，卻又因為蔡的命令不可違背三十年密件解禁的規定而不可揭露。蔡故意隱匿證據的事實昭然若揭，因此，陪審團可以認定蔡的博士論文自始不存在，或者該論文正本因不明原因對蔡不利。

三、如果當事人一造對不利於他的證據有機會反駁，而不反駁，則陪審團可以就其不反駁這行舉做出任何合理的推論。（加州民事陪審團指導說明第二〇五條）

蔡的 LSE 學籍資料卡是她的幕僚主動提供而至今在網路上廣傳的證據。根據該學籍卡的記載，富商蔡潔生的么女因為財務困難而輟學。該學籍卡上並無復學的記載，而蔡卻主張她在輟學又未復學的狀況下獲得一個莫名其妙的世界上顯有的（或幾乎不存在）的「國際經濟法」博士。學籍卡是蔡一方自己提出的，該學籍卡上「因財務困難輟學」的記載對蔡不利，經社會大眾質疑至今數月，蔡故意選擇不解釋不辯駁。陪審團當然可以因此認定蔡輟學後不曾復學，沒有繳費復學更不可能受指導教授免費指導，而 LSE 也不可能在蔡輟學期間免費贈送一個很特殊的「國際經濟法」博士給她。

四、如果陪審團認定一個證人對於某項重要的事實故意不做誠實的陳述，陪審團可以抹煞該證人的其他所有證詞。

蔡不講實話的例子，不勝枚舉。LSE 的婦女閱覽室明明說明因為作者的要求，蔡在今年六月才送進去的「類」論文不可拷貝、抄錄或引述，蔡面對電視攝影鏡頭竟然敢裝出一副無辜的樣子說：「不會是吧?!」蔡英文如今主張她取得她所謂的博士學位的時間是一九八四年春初或二、三月間。但是，蔡早在一九八三年發表著作時就宣稱她是以倫敦政經學院「國際經濟法」博士的身分發表是類文章。顯然地，蔡對於她何時取得所謂的博士學位這件重要的事項做了不實的陳述。因為蔡的蔡萊爾性質業經陪審團確定，陪審團可以完全不信蔡在她學位和論文門事件裡的其他證詞。

法律不離經驗和常識

限於篇幅的關係，我們只提出上列四項證據法則供讀者參考。白居易的詩詞歌賦之所以受愛戴並流傳千古，就是因為「平易近人」這四個字。美國的陪審團制度源自英國，而英國的陪審團制度則是封建制度下庶民對貴族的反動的產物。沒讀書的庶民爭取自己審判自己庶民類的權利，但是又沒有足夠的法律知識去進行公平的審判，於是責成有讀書的貴族扮演白居易的角色，用深入淺出的輔導材料協助庶民完成審判的重責大任。

法律不離經驗和常識。蔡英文在她的論文和學位門事件中的行為和不行為，有許多是在侮辱一般庶民百姓的智商，一種菁英鄙視庶民的賤價的傲慢。蔡應該為她的行為，包括以假學歷招搖撞騙數十載的惡行以及面對明確而不可否認的證據時不知悛悔的惡劣態度，向社會大眾公開道歉，並立即辭職並請求民進黨立即研議提名其他候選人代替她參選下任總統。

二〇一九年十月二十八日

武則天裸體遊街

江建祥

耳熟能詳的國王的新衣是丹麥童話大師安徒生的經典名作。很多幼兒園或小學都把它納入公民與道德的教材。童話故事不單是用來娛樂孩童的，它們背後隱藏著深厚的教誨目的。因此，讀完童話故事後，大人都該問「聞道」後的小朋友：「這故事背後的教導和訓示是什麼？」（What is the moral of the story?）國王新衣的故事到底要教我們什麼？

國王新衣的現代詮釋

隨著社會的變遷和網路信息的充斥與浮濫，以往全班同學會異口同聲說的「用愛心講誠實話」一類的結論，曾幾何時卻變成：「拎北才沒有那麼白癡！你看看那些聰明的阿伯和阿嬤們都不敢說國王沒有穿衣服，而且寫故事的也沒清楚交代那講實話的笨小孩後來怎麼了？所以，這童話故事應該是在教我們要學會如何保護自己。」（揣測那講實話的小孩恐怕已經和彭文正教授一樣被起訴並通緝了吧？）

許多文學批評家對安徒生的國王新衣的「寓意」有不同的意見，有說是它在講邏輯學上的「眾口鑠金」的謬誤，也有人把它政治化，講成是「民粹的無知」。但以堪薩斯州立大學教授 Naomi Wood 講的最為精闢了，她說國王的新衣想表達的並不只是孩童的誠實與純真不受成人的污染敗壞，而是直指：「不論我們用何種謊言或諂媚的話來掩飾我們對威權的戒慎恐懼，我們所用的虛假話語最終仍無法保護我們或讓我們可以免於威權的脅迫。」

筆者寫過數篇文章，主張從證據法則的觀點，蔡英文壓根兒無法證明她曾經完成可以取得博士學位的論文。於此不再贅述，有興趣參與論證者可以上網搜尋《民報》資料庫裡筆者的文章，也可以參酌彭文正教授在 YouTube 上數百集的影片，另外童文薰律師的大作：《蔡英文論文門》和《總統青春故事館》也非常值得一讀再讀。

所有的證據都指向一個結論：蔡英文不可能在以財務困難為理由而休學之後，在沒有任何復學程序的狀況下，能夠在短短的幾個月內完成她所謂的博士論文。蔡公開誆稱當時的口試委員決定給她1.5個國際經濟法博士。但是蔡所提出來的三份不同版本補發的博士學位證書並沒有「國際經濟法」字樣。令人百思不得其解的是：為什麼整個民進黨、「三明治」媒體、以及教育界的所謂賢達，都和那些在故事裡跟著赤裸國王身後碎步小跑的太監、佞臣一樣，不敢告訴女皇她三點皆露，衣不蔽體？是戒慎恐懼？是在看笑話？還是為了生計不惜出賣靈魂，賤售了知識份子的良知？或者如蔡的名言：「在威權時期誰不選擇順從？」Naomi Wood

教授講得還不夠清楚嗎？

政治哈哈鏡

選舉文化下的政治人物是選民選擇出來，代表他們執行政治權力的人。選舉文化下的社會宛如有一面鏡子，鏡子裡的政治人物理論上應該是鏡子外的選民的倒映。選舉卻往往不慎產生一些熟稔選舉操縱的獨裁者或專精投機的政治工作者。所以有選舉不見得就是真正的民主。

有些時候鏡裡鏡外是表裡一致，也有很多時候，這面鏡子變成了一面哈哈鏡，鏡裡的人被折射扭曲，變得和鏡子外的人們完全不同；不但不同還有些荒唐滑稽。

可悲的是：哈哈鏡裡的獨裁者套上扭曲變形的虛擬外衣之後，為了鞏固得來不易的政治權益，便開始利用「任人唯親」的權力核心小團體來獨攬政治利益的分配。對這些自私無良的政治工作者而言，他們統治的基礎不在良好的政治管理或有效的代理，而在依靠獎賞他們權力核心的少數人來維持統治權。獨裁者和她權力核心裡的一小撮人有著一種相互依存，或露骨一點地說，狼狽為奸的關係。這就說明了為何民進黨最近將黨內初選取消改由蔡以黨主席的身分徵召縣市長候選人。這種鞏固權力核心，集中利益分配的機制可以穩定獨裁體制，讓權力核心裡的人為了能夠分一杯羹，更加「忠誠」。

當這些對政治利益分配有「期待利益」的權力核心份子用碎步跟著沒穿衣服的女皇帝

到處奔走的時候，你想他們敢出聲說出女皇裸體的事實？所以，目前全國上下舉凡被納入權力核心的人或組織對蔡假博士未曾完成合格的博士論文一事，不是三緘其口就是極力遮掩護航，就不言而喻了。

堅持無知的烏合之衆

除了只擔心自身利益的權力核心份子，基於患得患失的恐懼而睜眼說瞎話之外，那些跟著看熱鬧的群眾，之所以跟著起哄說赤身裸體的女王的新衣服真是好看，其實就是所謂的集體的無知。也就是說人們做抉擇的時候多半是以情緒和直覺為主，說人是理性的動物其實是一種似是而非的說法。人們多以自視聰明睿智，其實人們是將別人的知識轉介移植到自己身上，而因此誤以為自己是柯文哲的「克隆」（clone）。大部分的人都只是人云亦云，所謂獨立思考其實只是一種自欺欺人的假象。

感性勝於理性，大部分的人不喜歡追求事實或講道理，他們寧願意氣用事、訴諸情緒。沒有人願意承認自己的無知，如果你學蘇格拉底到處去告訴別人你之所以聰明是因為你知道自己的無知，而別人都只是自以為聰明的笨蛋，因為他們甚至不曉得自己的無知，你必定和蘇格拉底一樣會惹來殺身之禍。

碎步小跑跟著赤裸的國王的那些太監、佞臣說國王的新衣真漂亮、好體面，是基於對威權的戒慎恐懼，因為他們的「愚忠」是政治權利瓜分的保障。而盲目起哄跟著國王、太監和佞臣一起遊街的群眾，他們之所以「看不見」國王的赤身裸體是他們被陷於一種集體性的無知，他們明明看到國王的赤裸身軀，但是錯誤地將別人的「假知識」移植到自己身上。最終，一堆驕傲的無知者便集體地替國王披上一件虛擬的外衣。

政治大學有一個社會科學資料中心，裡面典藏著該校所有教師的博士論文。筆者在一九七〇年代末期和一九八〇年代初曾在政大人所稱的「社科中心」瀏覽過筆者當時的幾位教授在國外修習博士學位所寫的論文，其中包括施智謀、黃越欽、戴東雄、林菊枝老師等人的大作。蔡英文自一九八四年起在政大擔任教職，如果她確實有一本能夠確認她博士學位並能讓她引以為傲的合法論文，那本印有倫敦大學政經學院論文編號 Serial number 的論文應該早在一九八〇年代初就被社科中心收藏了。

如果政大社科中心從來沒有收藏過蔡英文的所謂博士論文，蔡不就是一個裸奔的女皇，後面跟著一群無良的學位和教職買辦，一路跟著喊「經典名作！」、「榮獲一點五個博士學位的奇葩！」？當然，另外還有一群戴著 VR（Virtual Reality）眼鏡湊熱鬧起哄者，對著透過 VR 鏡片看到的虛擬博士學位直呼「好棒棒！」

但是，那個買不起 VR 鏡的小孩去了哪裡？

找不到，急了，不如通緝吧！

二〇二一年十一月二十四日

土和尚唸聖經

江建祥

許多電視廣告喜歡用有著外國長相的人來代言商品，應證了「遠來的和尚會唸經」的心理。或許遠來的和尚與土和尚相比，會讓觀眾有比較新鮮或神祕的感覺，唸起經來效果可能會更好。但是，由土和尚來唸希伯來文的聖經，然後在教堂裡宣講原罪和恩典，效果恐大相徑庭。

林騰鷂教授曾痛批蔡英文不該公器私用，屢屢利用總統府發言人，出面替她辯護論文門有關私德的事情。近來彭文正教授公開引述英國資訊委員辦公室 ICO 最新的裁定，筆者就預測蔡的律師將扮演「扁維拉」救援投手出來替代總統府發言人。果不其然，在彭 P 公開叫陣之後，連元龍大律師就披掛上陣和彭 P 正面對決。連大律師依據 ICO 二〇二〇年六月十一日的另一份裁定書祭出四道金牌。可惜，台灣律師對英美法系並不熟稔，由這四道金牌所湊成的聲明書宛如土和尚唸聖經，狀似擲地有聲，其實是不知所云，荒腔走板！諸位聽過美軍電台 ICRT 在深夜裡演奏的中華台北「國歌」嗎？

讀任何英美法判例或裁定，首要之務就是確定 Who is suing whom for what? 也就是得先搞清楚誰是訴訟當事人以及他們訟爭的客體。英美的判例讀起來很像聖保羅寫的聖經使徒書信「Epistles」，兩者都嚴遵 IRAC 原則：Issue > Rule > Analysis > Conclusion。裁判者就像一個傳道者，開宗明義必須明白揭示問題的爭點 Issue，也就是到底大家在吵什麼？上帝的恩典是啥？如何才能獲得救贖？或者什麼人對什麼樣的權利義務的主張、範疇或限制有爭執？

以連律師所引的 ICO 二〇二〇年六月十一日裁定為例，該裁定書首揭倫敦大學和訴願者的爭執是：「倫敦大學是否可以保護蔡英文的個人隱私為由，拒絕提供蔡的博士論文口試委員名單和口試結果報告予第三者」。緊接著，就是本案應適用的法律 Rule，亦即英國保護個資的相關法律和資訊自由法，以及這些法律之間的衝突、矛盾與競合關係。裁判者然後針對每一個案件的個別事實，將應適用的法律 Applicable Law 依據公平正義和比例原則 Balance of Interests 適用於此特定事實，經過嚴謹的邏輯分析解剖 Analysis，最終得出問題爭端的解決 Conclusion。

裁判者在分析解剖 Analysis 的過程中，或中規中矩嚴謹地針對問題爭點發抒法律意見，亦或援引訴訟當事人的陳述或辯解予以拆解或反駁。任何受過基本英美判例法訓練的法學家 Jurist 都明白：唯一具有判例效力的是裁判者針對問題爭點所做的法理分析和結論，也就是多數判例中裁判者的 Holding，至於與問題爭點無關的附帶、旁左意思表示只是一種雋語 Dictum，即使頗富哲理，也不能被援引為先例。讀一個判例，就是能在上述 IRAC 的過程裡，將訟爭事實限縮於明確界定的爭點範圍裡，避免海闊天空、五四三二米篗，正確合理地分析解剖事實以便合乎邏輯地適用法律。整個裁判程序是一種藝術品的塑造，一個法學家 Jurist 不是一個單純的「法匠」，也不是背誦法條的怪物，而是一個法學藝術大家，有著傳道者和心靈導師諄諄誨人的高尚情操。一份裁判書的「畫龍點睛」就是它的 Holding，也就是裁判者經過縝密的事實認定、法理解析所得的針對問題爭點所做的終局結論。

被連律師當作令箭的這份二〇二〇年六月十一日 ICO 的裁定書，它的 Holding 就是「基於對蔡和口試委員的個人隱私的保護，倫敦大學可以拒絕提供口試委員名單和口試結果報告給訴願人」。裁定者認為蔡的口試成績以及口試委員當時對蔡的批評指正皆屬隱私權保護的客體。ICO 的裁定委員認為蔡和口試委員（如果真有其人存在）在當時應該沒有想到幾十年後有人想去「掀裙子」。如果他們的名字和評語以及所打的分數被公諸於世，他們對隱私的期待利益會因此受侵害。其實，這種分析和結論與學術論文的實務操作完全不符。實務上，大部分論文的首頁多將口試委員名單明白表列，口試成績與評語也往往大剌剌地呈現，如此的實務操作，其目的在以昭公信，不給任何徇私舞弊的疑慮有存在的空間。

至於，在分析案情的過程中 ICO 引述倫敦大學的抗辯聲稱他們已經表示「蔡的名字曾經出現在應屆畢業生名單上以及蔡曾經繳交著作權授權書」云云，其實只是 ICO 裁定者對當事人主張的複述 Recite，並非對問題爭點的結論 Holding，也不是裁定者所做的裁定的基礎，在法律上完全不具判例的效力。（蔡英文的名字是否出現在應屆畢業生名單上、蔡是否曾經依照校方慣例填具了著作權授權表格，自始至終不是整個案子的 Issue 問題爭點。隱私權的保護才是。裁定者對倫敦大學如是主張的複述，在英美法上連 Dictum 都不夠格，如何援引為裁判者具有法律效力的先例？）拿 ICO 對倫敦大學辯詞的複述來主張蔡英文確實曾經完成可以取得博士學位的合格論文，其實是對英美判例的研讀基本方法有嚴重的欠缺。這種錯誤解讀英美法判決的荒謬，就好比請經常詠誦心經的政治人物去台北的靈糧堂主日學講解〈羅馬書〉或〈啟示錄〉，其扞格離譜之處不言可喻。

聽過幾個牧師語重心長地說：「實在很喜歡聖經裡面傳講的道理，但就是不太喜歡面對那些仍然帶有原罪的惱人信眾」。只知道痛惡罪惡，但無法摯愛罪人是當一個牧者的大忌。只喜歡法律裡蘊藏的理則和權利義務的縱橫捭闔，而不喜歡法律所代表的公平正義，也是一個 Jurist 法學家的致命傷。在法學家的養成過程中，法學生專重的不是法條的背誦熟記，也不是如何在不同的法條之間「游刃有餘」、操控熟練。其實，法學院不是 Law School 而是 Fact School。從對每一個個案的事實的明確審慎分析和評估，然後透過對公平正義、社會利益的比例均衡考量，融會貫通後摹繪出符合良心和天理的原則與裁判，這種高級藝術品的塑造，每一個成品都應該可以媲美米開朗基羅的大衛雕像。

當總統不見得必須擁有博士學位。蔣介石也不過一個日本士官學校畢業生，雷根總統只是個「演很大」的好萊塢演員，小布希還自詡是個勉強及格的 C 學生。問題的爭點在蔡英文的誠信因為論文的離奇遺失以及幾乎神蹟般的博士學位取得過程，已經遭到社會大眾的合理質疑。一份幾乎每一個擁有博士學位者都會引以為傲的合格論文，「不知為何」莫名其妙地從至少四個必須典藏的圖書館神祕失蹤。曾經繳交給政大和教育部的三份「珍品」竟然也不翼而飛。至於那彌足珍貴的博士學位證書，也「不知為何」從手中消失，也不復存留於教育部或政大的檔案裡。（去過診所看病吧？有哪一個明星醫學院畢業的醫生不把自己的畢業證書裱框高懸於醒目的地點？律師事務所的牆上應該也少不了高考及格證照吧？）針對蔡英文的解釋，我們的反應也是「不知為何」？

選民對蔡是否真正擁有博士學位有合理的懷疑，進而對她的誠信和領導能力有嚴重的疑慮。解決如此簡單但嚴肅的爭點，絕對不是法匠的以訟止謗或是大小姐的相應不理、乾脆擺爛。坦然面對才是正道，不是嗎？蔡應該毅然決然地停止浪費社會及司法資源的遊戲，立即親筆書函請求已經公開宣稱仍持有蔡的博士口試委員名單和博士口試成績報告的母校馬上將之公諸於世，以昭公信，不就得了？你為何躊躇？

不知為何？

二〇二一年十二月七日

為什麼美國孩子比中國孩子幸福和快樂？

——讀範學德《活在美國》

余杰

如今，在中國人心目中，「美國」乃是一個愛恨交加的、語意過於複雜的名詞。一提起美國來，多少人立即便會兩眼發直、雙手哆嗦甚至血壓升高。或貶之為地獄，或褒之曰天堂，可謂冰火二重天。美國之於中國，如同童話故事《白雪公主與七個小矮人》中的白雪公主之於王后：每當王后拿起鏡子來「臭美」的時候，便會明知故問道：「誰是世界上最美的女子呢？」而鏡子卻每次都不惜觸犯龍顏，實話實說地回答說：「白雪公主是世界上最美麗的女子。」於是，被嫉妒所控制的王后便歇斯底里地哭喊起來。

近代以來中國的歷史，蘊涵了太多的悲情與血淚。極度自卑與極度自尊，兩種矛盾心態的深切扭結，讓國人的自信心一直付諸闕如。某些自稱愛國愛到骨髓裡的大學生，昨天還在慷慨激昂地朝著美國大使館扔磚頭，明天又低眉順首地去同一個地方排隊辦簽證。而某些已經在星條旗下信誓旦旦地宣誓效忠的華裔美國人，一旦聽到別人批評中共的醜行，便立刻像尾巴被踩了一樣暴跳如雷。

在此情形之下，無論是中國國內還是海外，無論是過客式的留學生，還是已經歸化的美籍華人，「心平氣和論美國」幾乎是一件不可能的事情——而範學德的《活在美國》一書乃是其中的異數。範學德將最近兩年來在深受歡迎的中文論壇「貓眼看人」上所發表的兩百多篇帖子整理出來，結集成為《活在美國》一書出版。

在這本書中，作者認為：「美國不是天堂，也不是地獄。人間本來就沒有天堂，也建設不起天堂。人心的幽暗，社會的邪惡，在美國隨處可見。只是，美國有一部憲法，建立了一套制度，從而令社會結構性的邪惡，不至於無法無天。」這是難得的中肯之論。

無疑，美國是一個讓中國越來越難以繞開的國度。這個人口僅僅佔全世界百分之五的國家，卻擁有世界將近三分之一的經濟實力、科學發明和軍事力量。冷戰結束之後，美國一直雄踞全球惟一的超級大國的寶座，對世界發揮著獨一無二的影響力——看得見的是，有井水處必有互聯網、麥當勞、可口可樂和好萊塢。

隨著中國越來越深刻地捲入到全球化浪潮之中，美國對中國的影響也日益擴張。美國不僅是中國最大的貿易夥伴，也是中國人權問題最有力的批評者。那麼，美國是否可以成為中國民主化道路上的好榜樣呢？童話故事裡的王后殺不死白雪公主，現實世界裡的中國也無法否認美國的存在。在此意義上，「瞭解美國」乃是「關愛中國」的前提。

顯然，美國的崛起，絕非「歷史的偶然」，更不是「發了兩次世界大戰的戰爭財」便可以解釋的。在美國那些看得見的物質財富和國家權力的背後，是那些容易被忽略的、卻更為重要的宗教信仰、道德倫理和文化教育等「軟性」因素。近年來，深入剖析「美國之所以為美國」的著作，當然首推林達的「近距離看美國」系列。這套以《歷史深處的憂慮》為首的作品，以書信體的方式，從美國短暫而不失跌宕起伏的歷史、嚴謹而不乏彈性伸縮的憲政等角度入手，深入淺出地為中文世界的讀者，勾勒出一幅「真美國」的圖畫，對二十世紀九〇年代以來的中國知識界產生了某種潛移默化的影響。

如果說林達的作品是史家黃仁宇所說的「大歷史」，那麼範學德的這本《活在美國》則是連報章的角落都不會涉及的「小歷史」，也正如某網友所評論的是「細節的啟蒙」。作者筆鋒所及，根本沒有白宮風雲、世貿慘劇、共和黨與民主黨的爭鬥、阿富汗和伊拉克的硝煙等中國的「美國問題專家」津津樂道的話題，而全都是日常生活中微不足道的細節。

比如，怎樣考取駕照、到醫院看病如何付錢、在超市購物的帳單、社區圖書館的藏書情況、在鄰居家參加派對的經歷等等。然而，恰恰就是在這些細節之中，中美之間的經濟、文化和制度的差異，便立刻彰顯出來。就民族性格、精神傳統和制度淵源而言，中國離法國最近而離美國最遠。比如，慣於忍耐的中國人寧願像法國人那樣突然鬧起翻天覆地、血流成河的革命來，也不願像美國人那樣安靜地坐下來、經過曠日持久的討論、制定出一套看似繁瑣、實則一勞永逸的法律條文。中國人的內心深處，向來盼望「明君賢相」式的完美搭配，因此順理成章地接受羅伯斯庇爾式的道德激情，卻無法理解美國人為什麼會認為「總統是靠不住」的。

細節決定生活的質量，細節決定文明的程度。《活在美國》，顧名思義，講述的是作者十多年來在美國「身在異鄉為異客」的生涯，尤其是兩個孩子，在美國幸福和快樂地成長的過程。在《活在美國》一書中，我認為最有意思的一部分是：範學德從在美國出生並成長的兒子和女兒身上，從孩子的一舉一動當中，從老師的一言一行當中，觀察和思考美國教育的特色。範學德夫婦是到美國尋夢的第一代移民，他們的孩子則是真正在美國長大、接受美國教育、按照美國人的思維方式來生活的「小美國人」。

我在美國所接觸到許多華裔人士，由於語言和文化方面的衝突，他們本人可能並沒有那麼喜歡美國，但他們仍然執意留在美國，最重要的原因乃是，他們希望孩子快快樂樂地生活在美國的土地上——包括「江姐」的兒子與孫子都選擇居住在美國：江姐的兒子在文革後公派赴美，再後來應邀赴美出版學術專著並移居美國，現在任美國馬里蘭大學計算機系終身教授；他的兒子，也就是江姐的孫子，在中國國內讀完高中後，到美國最頂尖的哈佛和普林斯頓接受教育。歷史就是如此吊詭。

是的，哪一個中國人不「望子成龍」呢？但什麼是「成功」呢？美國人所理解的「成功」，是快樂、幸福地生活。作為一名父親，範學德無比羨慕孩子們在美國幸福而快樂的生活。美國的教育制度最大程度地保護了孩子們的童年，最大限度地讓孩子們感受到幸福和快樂。同時，也用一種「隨風潛入夜，潤物細無聲」的方式，將責任、義務、貢獻、同情、合作、環保、公民意識等價值滲透到孩子們心靈之中。範學德描述了學校裡孩子們的才藝表演，孩子們的表演雖然不盡「專業」，但個個都像是燦爛的明星，晚會的高潮是全部表演者都上台謝幕，「有的跑進來，有的晃進來，有的翻跟頭進來。有的鞠躬，有的揮手，有的兩人三人做出各種造型，有的乾脆在地板上魚躍。一個花樣，引起一陣尖叫聲，一陣高過一陣，沒有一個花樣，與另一個花樣重複。」

他還描寫了女兒和同學們如何帶著餅乾到超市門口去，為「女孩童子軍」義賣，所得的善款作為女孩童子軍的活動經費，和慈善活動經費。拿著廣告牌的女孩們，在超市門口很受歡迎。「有好幾個婦女說，面對你們這樣漂亮的女孩，我怎麼能夠說不。」那樣的場景確實溫馨感人。

快樂和幸福，說起來容易，但中國本土的教育制度和方式，根本不可能讓孩子感到快樂和幸福。在中國的媒體上，充斥著對湖北黃岡中學之類的「魔鬼學校」的禮讚，這些學校採取的是他們臆想的「西點軍校」式的教育管理模式，將學校當作監獄，將學生當作囚徒，最終創造了驚人的升學率。在高企的升學率背後，孩子的精神世界，是否受到侵犯和傷害，則無人關心。中國的基礎教育以父母和老師為中心，美國的基礎教育則以孩子為中心。中國的中小學裡，以分數和名詞劃分「好學生」和「壞學生」兩個群體，老師對這兩種學生採取截然不同的態度；而在美國的中小學裡，老師更願意從每一個孩子身上發現其獨特的優點，因為每一個孩子都是上帝給這個世界的禮物，所以沒有一個孩子是不可教育的「壞孩子」。

作為一名「超級奶爸」，範學德每天接送孩子，有很多時間與孩子在一起，他驚訝地發現：美國的孩子們不必做多如牛毛的家庭作業，他們有一個快樂和幸福的童年。在家長會上，老師告誡家長們說，家長不必幫助孩子完成家庭作業。孩子不會做，證明他還沒有掌握問題，他只要把不懂的地方寫下來，第二天告訴老師就可以了。幫助孩子們學習，這是老師的責任。老師還說，不希望孩子們花太多的時間在學習上，孩子們要有家庭時間。學習是有樂趣的，孩子們知道如何學習，而不是記憶、背書。孩子的解放，也是家長的解放。

在中國，家長和孩子一起在家庭作業的重壓下呻吟，倘若老師也能說出如此通情達理的話來，那該是多大的福音啊。可惜的是，中國的老師們也是教育制度的受害者，他們頭上懸著升學率的寶劍，哪裡能像美國的老師那樣從容自如呢？

範學德的女兒是學校合唱隊的成員，他因此受邀到學校禮堂參加合唱隊的音樂晚會。孩子們唱的一首歌深深打動了這位父親，歌詞是這樣的：「我是這個世上的孩子，我的聲音並非無關緊要。我是這個世上的孩子，當我歌唱時，世人就聽到我的聲音。你能想像嗎？如果在這個世上的每一個人，同聲歌唱，同聲歌唱，那將多麼美好。你能想像嗎？當我們歌唱時，我們會忘記仇恨，忘記戰爭，那將多麼美好。」

聽了如此美好的歌曲，在文革的血雨腥風中度過童年時代的父親，不禁寫道：「不知道為什麼，我突然想起了今年春節晚會，那些表演高難度舞蹈動作的孩子們。為什麼在那樣的時候，聽不到孩子的聲音。他們是世上的孩子，孩子的聲音並非無關緊要。」對此，我要補充的是，與此同時，中國孩子卻必須唱那些宣揚仇恨與鬥爭的「革命歌曲」。大部分中國孩子不會唱歌，只會「表演」——奧運會開幕式上的那場「雙重假唱」，無疑是關於「中國特色」的最精闢的寫真。在此意義上，張藝謀真是一位了不起的導演。他用這樣一個節目揭示了中國作為「謊言帝國」的本質。

中國的孩子自從上幼兒園起，便成為官方意識形態洗腦教育的犧牲品，「愛國是沒有商量的」，但愛國的內涵卻語焉不詳。進入小學和中學之後，大部分孩子都必須加入少先隊和共青團，不願加入者立即被打入另冊。於是，「愛國」被悄悄置換成「愛黨」，「國家」成了一個不容許批評的龐然大物。

而在美國，孩子們是通過學習國家的歷史、地理和文化，而產生作為美國人的自豪感的。在台上執政的，無論是共和黨還是民主黨，都不敢到學校裡來插一手，向學生灌輸「愛共和黨」或「愛民主黨」的思想。《活在美國》一書中有這樣一段精彩的對話：父親問舉手投足都活脫脫是「美國鬼子」的兒子：「你們學校的老師教育你們要愛國嗎？」年方十二歲、正在上初二的兒子回答說：「老爸，你以為這是在中國啊，天天唱中國我愛你，我們都有一個家，名字叫中國。爸，這是美國。我們老師從來不教導我們愛美國。」父親又問：「那麼你們愛不愛國？」兒子回答說：「我們許多小孩子都愛美國，但老師從來不教我們必須愛美國。」父親接著問：「那老師教導你們要愛什麼？」兒子鄭重地、一個詞一個詞地回答：「老師說，要尊重（respect）這塊土地，要愛解放（liberty）、自由（freedom）、和公義（justice）。」

當問及對美國總統的看法時，孩子居然「大不敬」地否定民主黨總統柯林頓和共和黨總統布希。

這段父子之間有趣的對話，真應該收錄到未來中國的中小學生公民課本中。是的，只有中國的教師，才會向孩子們灌輸無條件地去愛專制獨裁的「黨」和空洞無物的「人民」，以及躲在「黨」和「人民」背後、操縱著傀儡線的「偉大領袖」。當一個國家強迫其國民去愛它的時候，它已然毫無可愛之處了；當一個未經選舉的政府，自以為是地「代表」全體民眾的時候，其統治的合法性早已煙消雲散了。

美國的崛起，從某種意義而言，乃是教育的崛起。美國的教育制度固然並不完美，但無疑是現今世界最成功的教育模式。美國教育的核心是尊重每個人的個性和天賦，為其獨立成長創造自由和寬鬆的外部環境，正如一名網友在回應範學德的文字中所說，成功的教育就是「讓每個人成為他自己」。我想，也許這就是美國孩子，比中國孩子幸福和快樂的根本原因所在吧。

二〇一八年一月五日

吃人：中國的象徵與現實

余杰

不久前，中國某「行為藝術家」在英國一家電視台公開表演吃死嬰的「行為藝術」，引發各界人士熱烈的討論和批評。其實，「吃人肉」和「吃糞便」早已是中國前衛藝術圈內眾所周知的一條成名捷徑。中國人向來不以勇敢著稱，中國的行為藝術家卻是全世界最勇敢的一群人。對於大部分西方的藝術家而言，不管是否信奉基督教，都在具有濃厚的宗教信仰的文化傳統中成長，有所為，也有所不為。他們在突破傳統的某一部分的同時，也恪守傳統的核心部分，比如對人生命的尊重，比如對暴力的拒斥等等。中國的「藝術家」們卻敢於打破一切「陳規陋習」，並嘗試挑戰人類的道德倫理和法律的界限，所謂「無信者無畏」也。他們將這種無畏的精神當作藝術「創新」的勇氣。這種「勇氣」確非一般西方藝術家所能具備的，因此西方人只能在他們面前瞠目結舌、甘拜下風。

二〇〇〇年，一個名叫彭禹的女性「藝術家」創作了一件名叫《人油：倖存者的方式》的「作品」：她將一具死嬰的屍體用火烤出油脂來，再通過塑膠管將油脂輸入另一具死嬰的嘴裡。這個「作品」極具現場感：肉體被燒烤的氣味、流動的油脂以及從容不迫地操作這些程式的「藝術家」，一起形成了驚心動魄的「藝術奇觀」。按照這位「充滿悲憫之心」的「藝術家」的闡釋，這件作品不是表現暴力和殘忍，而是表達「對人類自相殘殺的批判」。多麼深刻的主題啊！但我不知道這位女士是否已經成為母親或即將成為母親，如果她有孩子的話，她能用溫柔的口吻地告訴她的嬰孩說——「媽媽使用跟你差不多大的嬰兒的屍體製作過一件偉大的藝術作品」嗎？如果她的孩子知道母親如此而行，還會尊重這樣的母親嗎？

另一名因吃人而聞名的「藝術家」朱昱，則自稱為「基督徒」——此種基督徒我還是第一次見識到。我不知道朱先生在悠然自得地吃完人肉之後，如何面對耶穌那充滿慈愛與悲憫的眼睛？在面對眾人的置疑時，他理直氣壯地宣稱：「一個問題一直困擾著我們——那就是人為什麼不可以食人？有哪一個民族的宗教在教義中規定了不可以食人？又有哪個國家的法律有不可食人的條文？只有道德，而道德是什麼呢？道德無非是人類發展過程中，根據自身所謂人性需要，可以隨意改變的東西。」他進而認為：「從此可以得出兩個結論：只要是非犯罪手段的食人行為，是完全不受人類社會中宗教、法律的約束的；現在是我們向全世界公開說明自己的觀點、自己的目的、自己的意志，並拿我自己的食人行為來對抗關於『不可食人』的人類道德觀念的時候了。」

這些邏輯混亂的說法讓我憤怒之極。吃人者大言不慚地將自己打扮成「反道德」的英雄，將其創作的「藝術作品」賦予某種不朽的價值。在這類冠冕堂皇的「為藝術而獻身」或「藝術高於一切」的說辭背後，是一種不擇手段地博取名利的、如狼似虎般的慾望，這種慾望如此熾熱，如同火山岩漿一般在中國的土地上翻湧，吞噬它遇到的所有人。這不是藝術，而是「反藝術」。就是這樣一些披著「藝術家」面具的魔鬼，居然在藝術圈內頗有市場。當「吃人」成為某些人顯示其「先鋒」姿態的手段時，這些人已經將自己開除出「人類」的行列。這些讓人恐怖和噁心的「藝術」的出現，顯示出今天中國的藝術界已不存在「底線倫理」和「道德律令」。藝術應當引導人們仰望天空，還是將人拉入糞坑？藝術不應讚美魔鬼，而應榮耀上帝；藝術不應當將人類變得更壞，而應當讓人類更嚮往崇高。從此意義上來說，「吃人的行為」絕對不是藝術形式之一種。

聖經中說，凡流人血的，他的血也必被人所流，因為神造人，是照自己的形象造的。人的身上殘留有神性，因此人是萬物之靈，人與其他所有動物都不一樣，人不能被屠殺，更不能被同類吃掉。人類的道德倫理和宗教戒律乃是法律產生的根基，人類之所以形成「社會」，正是依賴于道德倫理、宗教戒律和世俗法律體系。某些道德準則確實隨著人類社會的發展而發生變化和更替，某些道德準則卻與人類的存在相始終，比如聖經中的這句話，從亙古到永遠，都不會廢去。藝術不應當是道德和法律的敵人，藝術應當與道德和法律之間，建立起某種和諧的關係。藝術的本質固然是自由，但藝術仍然有其最後的界限——如聖經中的「十誡」和國際人權公約等，絕對不可以用「藝術」及其他崇高的名義觸犯。倘若失去這一界限，那麼希特勒和毛澤東便堪稱人類歷史上最偉大的行為藝術家——他們不僅屠殺百萬千萬計民眾，還深刻地改變了民眾的審美趣味和心靈結構，哪個行為藝術家能夠取得這樣的「成功」呢？如果失去這一界限，那麼用錘子一連殺死四名同學的雲南大學學生馬加爵，也堪稱一流的行為藝術家，他有步驟、分階段地實施屠殺計畫，這個計畫不也是一項行為藝術嗎？

當然，更多的中國人參與吃人，不是出於藝術的喜好，而是出於生存的壓力。每逢水旱災難，饑民們便不得不吃人，故「人相食」寫滿二十四史。崇禎二年，延安人馬懋才在《備陳大饑荒》裡，詳細記載了當時「人相食」的慘狀：「最可憫者，如安塞城西有翼城之處，每日必棄一、二嬰兒于其中。有號泣者，有呼其父母者，有食其糞土者。至次晨，所棄之子已無一生，而又有棄子者矣。更可異者，童稚輩及獨行者，一出城外便無蹤影。後見門外之人，炊人骨以為薪，煮人肉以為食，始知前之人皆為其所食。而食人之人，亦不數日後面目赤腫，內發燥熱而死矣。於是死者枕藉，臭氣熏天。縣城外掘數坑，每坑可容數百人，用以掩其遺骸。臣來之時已滿三坑有餘，而數里以外不及掩者，又不知其幾矣。」如果說此種吃人尚出於無奈，那麼有計劃、有目的的吃人，則充分表現了中國政治及文化的野蠻性。魯迅說過：「中國的文明，不過是闊人安排享用人肉的宴席」，直到今天，這出「人肉宴席」還在有聲有色、源源不斷地上演著。統治者坐在上席，藝術家坐在下席，大家一起把酒言歡、杯盤狼藉。

今天，究竟還有誰在「吃人」呢？除了某些洋洋得意的行為藝術家們，官和商，以及他們的幫忙和幫閒們之外，還有很多人在津津有味地吃人，他們吃人的肉體，也吃人的靈魂。

那些山西黑煤窯的老闆們在吃人，他們兒女的豪華婚宴，堪比海灣石油國家的王室，但每一道菜裡都有礦工的血肉；那些修築豆腐渣工程的建築商，以及他們所賄賂的官員們在吃人，他們從修建校舍的經費中貪污了大部分，孩子們還沒有來得及哭泣，便被掩埋在廢墟之中；那些見死不救的醫生們在吃人，他們的眼睛裡只有金錢，而沒有生命的價值，他們眼睜睜地看著死神降臨；恐嚇地震中遇難孩子的父母的余秋雨，和代遇難孩子立言歌頌黨恩的王兆山們也在吃人，他們嘴巴上擦的不是「文化口紅」，乃是還在流淌的鮮血。

是的，那麼多人都在吃人，那麼多人不以吃人為恥。是的，那麼多吃人者沒有絲毫的內疚感，而惟有驕傲感。所謂的「行為藝術家」，不過是其中的滄海一粟罷了。這是一個吃人的城市，這是一個吃人的國家。這是一部吃人的歷史，這是一種吃人的文化。人肉宴席如流水般綿綿不絕。「人相食」既是中國的歷史，也是中國的現實。

人的善良是靠不住的，人的邪惡卻極容易被外部因素激發出來。很多人無法相信二十世紀居然發生那麼多大屠殺——納粹的大屠殺、史達林的大屠殺、毛澤東的大屠殺、赤棉的大屠殺、盧安達的大屠殺，天安門的大屠殺……文明難道只是一層薄薄的面紗嗎？文明對人類的制約，沒有我們想像的那麼有效，一位講授大屠殺課程的美國學者，採取了一種奇特的教學方式：在第一次課上，她讓學生思考人們對待街頭乞丐的不同態度，觀察一些人在遇見乞丐時將視線移開的現象。她試圖表達的觀點是，大多數違反人性的恐怖事件的根源並不在「外部世界」，而是起源於對陌生人完整人格的否定，以及不承認其他人也是人類的一員。

這位學者指出了一個問題：我們平凡的日常行為，本文和大多數犯罪行為之間的因果關係，超出大多數人的理解。用這樣的一種觀點去分析中國的「行為藝術家」們，官和商們，以及幫忙和幫閒們，他們何以心安理得地吃人呢？因為他們已經不把被吃者當作同類了。

二〇一七年十一月十四日

毫無合理懷疑的隨機臨檢必須終止

吳景欽

中壢分局警察以陌生人、神情緊張等理由，對某教非洲鼓的老師進行臨檢，卻遭拒絕且回以很蠢，致被以妨礙公務罪逮捕，拘束人身自由的時間竟達九小時。雖中壢分局堅稱合法，但內政部卻已下令調查。更值關注的是，對警察僅憑個人感覺的隨機式臨檢，真有合法性嗎？

依刑事訴訟法第八十八條之一第一項第三款，若有事實足認犯罪嫌疑重大，經被盤查而逃逸者，警察可實施緊急逮捕。惟此種逮捕，須於事後向檢察官聲請補發拘票，且因發動門檻相當高，又是針對犯罪行為，則警察為社會治安或交通秩序之維護的臨檢行為，就無法以之為依據。但奇怪的是，臨檢明明是警察常態且大量化的行為，卻有很長一段時間，其依據竟只來自於警察勤務條例短短的一個條款，即第十一條第三款的明文。且此條款僅明列臨檢的種類，對發動門檻、執行程序與方式、事後的救濟等，完全處於空白，警察權的濫用也就難免。

臨檢必須足認構成危害性

故在二〇〇一年的大法官釋字第五三五號解釋裡即強調，無論是臨檢、盤查、路檢、取締等名義，只要對人或物的查驗，致侵害行動自由、財產或隱私，就必須遵守法律與比例原則。此號解釋完全否定隨機或任意的盤查或臨檢，這也代表，發動臨檢必須要有相當理由足認已構成危害性，且在臨檢前，更得出示證件與告知事由，事後也應告知救濟管道。又除非無法當場確認身分而有礙交通、安寧或涉及違法，否則就應任其離去，不可要求同行至警局。此號解釋，實已將臨檢該有的程序、要件、救濟等，畫出一個相當清楚的輪廓與架構。因此在二〇〇三年，立法院就制訂警察職權行使法，以讓臨檢有了更具體的法律規定。

而根據警察職權行使法第六條第一項，警察要對人查驗身分，必須要有事實足認有犯罪或危害生命、身體等之虞，此即在重申釋字第五三五號解釋所否定的隨機、任意性的臨檢。也因此，若警察僅以臉孔陌生、神情緊張等個人感受為盤查之理由，既非有客觀事證證明有危害公眾之虞，也完全違反法律之明文，自非屬依法執行公務，人民既有權拒絕，也不會有妨害公務罪的問題存在。

退一步言，就算警察已有事實足認有違害秩序之虞，但根據警察職權行使法第四條第一項，警察行使職權，如臨檢，必須出示證件或穿警察制服，更應告知事由。故不具備此等要件，依據同條第二項，人民有權拒絕臨檢，若被以妨礙公務罪為逮捕與拘束人身自由，執法的警察反會涉及刑法的私行拘禁、違法搜索等罪。

至於面對警察的不法臨檢，人民是否有權以手機拍攝蒐證，在司法實務認為臨檢並非犯罪調查，且警察是代表國家執行公務而須接受監督下，就不能主張隱私權與肖像權。故若警察阻止拍攝，甚至搶下民眾手機，其亦可能涉及強制、毀損等罪。

故此次中壢分局的事件，正暴露出現行仍普遍存在的隨機性臨檢之弊端。故於行政調查上，就不能只針對基層警察，而須查明是否為績效壓力下的結果。更重要的是，為了防止警察僅憑個人感受的任意臨檢，檢察官也須對警察是否濫權之部分，開啟刑事究責之偵查。

二〇二一年四月二十六日

該通緝被以加重誹謗罪起訴的被告嗎？

吳景欽

彭文正教授，因被檢察官訴以加重誹謗罪被法院通緝，雖不知此例是否為妨害名譽罪遭通緝的首例、更不知是否為最後一例，但如此的司法舉措，已違反刑事司法的諸多原則。

刑事被告是程序主體、不是客體

在二〇〇三年，我國刑事司法從職權主義轉向所謂改良式當事人主義後，目的即是將長久以來，刑事被告一直被當成是訴訟客體，致使原本已經不對等的原、被告地位，更加失衡。

尤其是我國的妨害名譽罪，不僅法定刑極輕，又屬告訴乃論之罪，就很易成為有權有勢者箝制言論自由的工具，致一直有除罪化的呼聲。故在未除罪化之前，於刑事程序中，就更必須恪遵當事人對等。故若檢察官聲請對被告為拘提或通緝，法院即為許可，被告又淪為強制處分客體，所謂改良式當事人主義，就會形成空談。

侵害被告的不自證己罪與緘默權

而被告既然是程序主體，於審判過程中，就不應動輒對被告施以強制處分，以來逼使其認罪。因被告受不自證己罪與緘默權的保障，也就是說，被告在法庭之上，無庸舉證自己是否犯罪，所有舉證責任皆在檢察官。

雖依刑法第三一〇條第三項，對於所誹謗之事，能證明其為真實者不罰，看似課予被告舉證自己清白的責任，但依據大法官釋字第五〇九號解釋，此條項只是基於言論自由的最大保障，目的在限定處罰的範疇，而非要讓被告自證清白。故就被告所傳述之事是否為假，舉證責任還是在檢察官，且必須證明至超越一般人合理懷疑之程度。至於被告是否要舉證，乃是其權利、而非義務。既然如此，要被告出庭，目的就在於保障被告的訴訟權，則在現今科技發達時代，以連線方式來替代出庭，實非難事，這可從疫情期間，法院實施遠距視訊開庭，可以清楚得知。

故在檢察官未能盡到舉證責任，在被告也無藏匿情事，法院卻以通緝方式強制被告，不啻是要強制其陳述，致嚴重侵害不自證己罪權保障。

違反比例原則

雖然依據刑事訴訟法第三十六條，僅規定最重本刑為拘役或罰金者，被告得委任代理人到場，誹謗罪並不在其中，但因誹謗罪的法定刑極輕，又屬告訴乃論，且就算判決有罪，也往往處以六個月以下有期徒刑，而可易科罰金，致在實質上，就應趨向民事訴訟的審理模式。故在此類案件，被告是否出庭，屬其自我評估的風險，致不應動輒對之施以強制。尤其此等輕罪，若動輒動以通緝，就讓人有誹謗罪是十惡不赦之感，致嚴重違反比例原則。

侵害言論自由保障

而在彭文正教授，被檢方起訴加重誹謗罪，理由當然在於其所傳述蔡總統無博士一事，並非事實，且動機是為牟利與挾怨報復。若果如此，檢方就應在法庭上，先就被告於網路節目所講述者，一一舉出證據來加以駁斥，若能因此而讓被告獲罪，實也無話可說。惜在審理中，檢方所能提出者，皆是由官方所提出的證據，但這些事證，到底何時所製作、誰製作等，既難以辨認真偽，也有可能是在論文爆發後所做，即有一定的目的性，致屬於傳聞證據，實不具有提出於法庭的資格。

反觀被告方所提出，甚至被指為是營利與挾怨報復的網路節目，對於蔡總統的博士論文真偽，卻是鉅細靡遺的舉出第三方、而非自己所出具的客觀證據，更找出英國大學的學位授予及英國相關法規之規範為證明。如此的對比，實讓人感覺，所謂不自證己罪權的保障，於台灣司法的實踐，是有多麼的困難。

尤其根據大法官釋字第五〇九號解釋，基於對言論自由的最大保障，採取所謂善意傾向原則，即只要確信所述為真，即屬善意，而不應以誹謗罪加以處罰。至於是否善意，只要所提出的證據資料確信是真，即屬之，既無關是否營利、更無關是否挾怨報復。故就算要查明被告彭文正，是否有所本而非胡說八道，只要上網路觀看，即可知悉，動輒施以通緝，實也是對言論自由的戕害。

正義女神可以睜眼　卻要無視地位高低

故於彭文正教授涉及的誹謗罪案，只要上網觀看其所有論述與舉證，實無庸以通緝為威嚇。若真的不想面對這些事實，也可以視訊，甚至網路直播方式為公開，或可趁此機會展現司法院，這幾年一直宣揚的司改成果，到底是真、是假。

總之，正義女神確實必須把眼罩拿開，但目的卻是在看清事實，而非因人而異的差別對待。

二〇二一年十一月二十六日

不能開肆意搜索聲押律師的惡例

吳景欽

曾任檢察官、法官，也是二〇一七年司改國是會議委員的張靜律師，其於台東的事務所，日前遭檢察官指揮警察搜索，並向法院聲請羈押，案由竟是涉妨害祕密罪與違反個資法。關於張律師有否觸犯此等罪名，既然有人提告，檢察官自有加以調查與釐清事實之必要。惟面對此等輕罪，又屬告訴乃論，如此大動干戈為搜索，即便聲押未果，卻已對律師職業產生重大戕害，更嚴重侵蝕了辯護權的核心。

發動搜索須有相當理由與必要性

在此次事件，最該受質疑者，即是發動搜索的正當性。因搜索會侵害相對人的隱私權、財產權，甚至是人身自由權等，除必須要有相當理由的證據外，更應符合比例原則。故搜索的案由，若是妨害祕密罪或違反個資法，此類犯罪的法定刑不重，分別是一年以下、三年以下或五年以下有期徒刑，且都屬告訴乃論，是否具備發動搜索的必要性，就已經有疑問。甚至在這類涉及妨害祕密罪裡，還得通過是否無故洩漏的實質違法性之審查，故於張靜律師的個案裡，能否成罪，實都得打個極大的問號。

又發動搜索，有一個很重要的目的，即是防止證據流失，但若提告訴已過了一段時日，才來為大動作之搜索，早喪失證據保全的黃金時機，實難找到正當化基礎，只會落得大砲打小鳥之譏諷，更不免讓人質疑，發動此強制處分的動機到底何在？

祕密通訊權不能被挖空

尤其辯護人與被告間，有所謂祕密通訊之權利，若動輒遭搜索，既破壞大眾對律師這個職業的信賴，更可能因此挖空被告的辯護權。故刑事訴訟法第一八二條才規定，律師因業務知有他人之祕密者，就有於法庭拒絕證言之權利。只是律師雖有拒絕證言權，但因現行刑訴法並無搜索律師事務所之限制，若檢察官以空泛或他案理由向法院取得搜索票來搜索律師事務所，並因此取得相關卷證，就使此等拒絕證言權形同具文，亦使祕密通訊權被完全挖空。

故基於正當程序及辯護權之保障，對於律師事務所的搜索，就應比照刑事訴訟法第一二六條，即對公家機關所持文書先請求交付之原則來處理，只有在必要時，甚至是不得已情況，才能發動銳利的搜索處分。此外，即便基於不得已要搜索律師事務所，基於前述的祕密通訊權之理，也不能任意或全面的扣押所有資料與文書，否則，公眾對律師的信賴及與被告的祕密通訊權，又會再次受戕害。故從此次事件，立法者就應儘速對律師事務所的搜索、扣押為法律上的限制，免使律師與被告的訴訟權有受恣意侵害之危險。

聲押不是檢察官用以恐嚇被告之工具

更糟的是，明明依據刑事訴訟法第二二八條第四項，對於自行到場或經傳喚的被告，只有因犯嫌重大且有逃亡之虞或保全證據之必要，才得向法院聲請羈押。惟證諸實際運作，檢方或為便宜行事，或為規避法律對被告的訴訟權保障，常未以被告而是以關係人身份來傳喚或要求到場，卻在訊問後，當庭逮捕而向法院聲押，致使人措不及防。

而於此次張靜律師案件裡，竟是在搜索之同時才給予傳票，又先在警局偵訊後，再送檢察官複訊，其到底是第三人，抑或是被告身份，完全由檢察官說了算，實會對相對人造成嚴重突襲。甚且在被告不願交保的情況下，就以聲押為手段，以來逼迫認罪。凡此過程，就完全凸顯出台灣檢察實務，普遍存在的人質司法之弊端。

還好，被告發揮法律專長，立即聲請提審，法院也以違反刑訴法對被告保障、證據不足證明犯罪等理由，裁定釋放，著實狠狠的打臉了檢察官荒腔走板之行徑，更讓人質疑訴追者的專業，到底在哪裡？

只是如果連一個執業多年，且長期為司法改革奮鬥的律師，都可被手握公權力的執法者如此恣意對待，則一般平民百姓若遭此境遇，又該如何自處？這肯定是更該深思與檢討的課題。

不能只求形式正當、更要講求實質正當

所謂法治國原則，針對國家權力的行使，不能只強調形式正當，更應講求實質正當。若認為只要依法取得法院的搜索票為搜索，即具有正當性，更無視憲法所要求的比例原則，這絕稱不上是現代法治國家該有的作為，反凸顯執法者的思維仍停留於過去，致成為最該被轉型的對象。

二〇二二年三月二十三日

難道美國不容挑戰？——由中國在南海造島談起

宋亞伯

對於中國在南海造島引起四鄰不安、美國關切、全世界傻眼一事，有所謂的中國知識份子忿忿不平地表示，「中國是個正在崛起的大國，在周邊伸展拳腳乃理所當然之事，美國憑什麼插手管南海閒事？難道美國不可挑戰？」

對這種傳統秦奴式思維，本不值一駁，但還是引起筆者不少感觸。

首先是，作為廿一世紀文明人，所有人都知道，要挑戰既有秩序，不是不可以，但是需要按照遊戲規則，循序漸進。否則的話，忿忿然摩拳擦掌，挽起袖子找打架，與瘋狗齜牙咧嘴妄圖咬人何異？

或有人說，歷來強權政治版圖的改變，沒有不是經過戰爭而來，中國如今國力蒸蒸日上，要想在東亞伸展拳腳，趕出美國的既有勢力，豈有畏戰懼戰之理？豈能沒有不跟美國一拼的決心？

這種說法表面上看言之成理，但問題的關鍵是，忘了今夕何夕。道理很簡單，就因為核武器的發明，才使得二次大戰後迄今七十年，強權之間不敢再戰。也因此，中國如果現在因為有了點實力，就要橫挑國際秩序，甚至不惜引起核武對抗的世界大戰，那麼，就只能證明毛共（毛澤東式共產黨）政權是個極不負責任的世界公敵。

其實，中國自秦始皇以後，直到近代自由民主風行全球以來，始終無法自由化民主化的最主要原因，就是這種忿忿然的挑戰情緒在作祟。不論當朝在野，壓根兒沒有一丁點心思按遊戲規則爭權，弄到最後，當然也只好以玉石俱焚收場。其間的過程則是，生靈塗炭、哀鴻遍野，最後，再由另一位魔王「坐天下」，無止境地惡性循環，無止境地改朝換代。

如今，中國若把自己這一套比兇、比狠、比毒辣的千年惡習，搬到現代化的國際舞台，很顯然，結果不是引起世界大戰，就是在引起世界大戰之前，先被噓下台。

加工裝配無根型經濟

其次是，要挑戰既有國際秩序，要挑戰美國，首先也得掂掂自己實力。

也許，許多被毛澤東及其陰魂洗腦的中國人會認為，中國如今外匯存底高居世界第一、身為「世界工廠」，人口又多，土地又大，怎說沒有實力？

這，正是犯了自我感覺良好井底蛙自大狂的毛病。事實上，就拿現代化國家的實力指標——工業程度來說。雖說中國近年得了「世界工廠」的美名。但稍有常識者都知道，中國哪裡夠得上真正的「世界工廠」？

最簡單的道理就是，不論輕重工業乃至新科技電子業，可有哪一項行銷全球的所謂「Made in China」的產品不是替西方大廠代工裝配？可有哪一項產品是中國自己研發設計生產製造的？幾乎是零！

試想，以這樣的工業現狀怎稱得起「世界工廠」？充其量，不過是「世界的加工裝配廠」罷了。

中國其實是靠著吃苦耐勞的人多，靠著壓榨上億農民工，用這些人的血汗，換來如今的外匯存底，如此而已。就憑這點，有什麼實力挑戰美國？中國的領導層和知識份子，若稍有良心，無地自容都來不及，更有什麼好洋洋得意不可一世的？

德國日本在二次大戰後經濟復甦，工業進一步發達，德國成為「歐洲經濟的火車頭」，日本更在一九八〇年代，成為當時名符其實的「世界工廠」，然而，由於土地資源的地緣限制，德日兩國都不敢挑戰美國，以中國的工業實力，憑什麼？

忍辱負重，著眼大局

事實上，德日兩國，尤其日本，即使以其高超的工業實力，但是為了分享西方，尤其是分享美國市場，時不時也得忍氣吞聲，而不是一帆風順的。

像一九九〇年代初第一次海灣戰爭，日本就在美國壓力下，分擔一百二十五億美元戰爭費用，一國獨佔該次戰費的百分之六十。此外像日本大企業在美國的行銷，也不時遭到刁難，而日本也始終為了顧全大局，忍氣吞聲以對。

舉個近期最有名的例子。二〇一〇年時，豐田汽車的煞車裝置被美國交通安全委員會舉報具有瑕疵，導致車禍傷亡。為此，豐田不只被美國司法部門判罰十二億美元，豐田董事長還率團前來美國國會作證兼九十度鞠躬道歉，並且花費近百億美元在全球召回近千萬輛豐田汽車更換煞車部件，使豐田該年度銷售利潤不但歸零，甚至大幅虧損。但妙的是，就在三年後，美國交通安全委員會卻承認，此一事件是委員會當時誤判，豐田汽車的煞車裝置其實並沒有問題云云。然而，已經吃了悶虧的日本，著眼大局，並沒有去計較翻舊帳。

此外，就現代化戰爭最重要的武器——戰機來說，中國現在的所謂先進戰機，其引擎完全依賴進口，一旦戰起，人家只要切斷供應，中國戰機的續戰力就立刻瓦解。請問，以這樣的實力要怎樣挑戰美國？

中國這幾年對日本的挑釁騷擾，對南海週邊小國大耍蠻橫，已再再引起美日等國戒心，放緩投資，甚至撤資遷廠，對中國加工裝配的無根型經濟，已逐漸顯現出巨大影響。當此之際，不求趕緊改善形象，挽回信任，反而進一步在南海造島，進一步刺激國際現有秩序。試問，這不是器小益盈非撞板不可嗎？

何德何能？

事實上，除了實力以外，若說想領導整個世界，顯然還得看看自己的德能與貢獻，才可能真正抬頭挺胸，做到風行草偃，領袖群倫。然而，對人類當代文明，中國可有一絲一毫一丁點的貢獻？

我們不妨閉上眼睛冷靜仔細地想一想，今天，在整個地球，就有形的物質來說，不論是高等複雜的飛機、汽車、火車、輪船、人造衛星、海底電纜，到低等簡單的肥皂、牙刷、眼鏡、火柴、腳踏車……等等，可有哪一樣不是西方文明的產物？可有哪一樣是中國人發明創造的貢獻？

甚至連我們今天所吃的米飯、水果、蔬菜，也是拜西方現代文明的化學肥料和品種改良之賜，才有今天這種讓我們吃得飽的產量啊。

再就無形抽象方面來說，從什麼民主、選舉、議會、政黨、人權、民權、自由、自治、到什麼化學、物理學、社會學、政治學、傳播學、心理學、會計學、工商管理學……等等，乃至奧運會裡數百上千個運動項目，可有哪一樣不是西方文明的產物？可有哪一樣是中國人發明創造的貢獻？

許多中國的知識份子喜歡說，自由民主法治人權這些普世價值是西方的，不適用於中國。那麼，中國既要挑戰美國，要領導世界，是不是可以提出一套更好的價值來取代，讓全世界景仰跟從呢？難道說，要用中國特有的「紅二代」、「富二代」、「山寨」、「駭客」來取代？要讓世界各國效法中國，全民一致一心往外移民？全民一致一心把子女送往海外？

曾經有西方評論家表示，對於中國有這麼多人口，但是對現代文明的貢獻卻如此之少，感到百思不解。

或說，印度人口也多，但印度不也一樣？其實是不一樣的。因為，至少印度還有聖雄甘地為世人所景仰，而中國呢？至少印度還有大詩人泰戈爾為人性謳歌，而中國的諾貝爾文學獎得主莫言呢？至少印度還有全世界最大的民主體制，而中國呢？再說，印度也沒有要挑戰國際秩序，也沒有要鴨霸周圍鄰邦，也沒有要挑戰美國，也沒有要領導世界呀！

有些中國的知識份子表示，我們就是要用毛澤東這種不擇手段的騷擾方式，得一點算一點，得一分算一分，慢慢累積，聚沙成塔，把版圖擴大，把勢力範圍擴大，進而取代美國。算盤打得是很如意，但問題是，這種作法究竟不是正道，弄不好玩火自焚。何況，中國本身的問題還多著呢，有必要玩弄這些小手段嗎？

換句話說，中國目前僅僅因為有了點錢，有了點實力，就忘其所以地妄圖遂行被秦始皇以降歷代帝王所強加深植的「普天之下莫非王土，率土之濱莫非王臣」的痴夢，實在令人堪憂。

忘恩負義，得不償失

記得二〇一二年，時值日本政府為了避免民間右翼在對華關係上惹事，而將釣魚台從私人島主手中買下——也就是所謂的「國有化」，不料卻引起中國當局藉機唆使民眾對日本在華企業打、砸、搶之後，筆者寫了篇短文〈忘恩負義，得不償失〉，內容如下：

「憑良心說，自毛共（毛澤東式共產黨）掩有大陸實行絕對極權絕對洗腦的高壓統治後，經過多年僵持，歐美西方後來之所以願意與之交往，願意對大陸投資，幫助大陸走上富裕，除了現實利益外，也多少帶有幾分對「新中國」的好奇與同情。

日本亦然，後來之所以願意與之交往，願意對大陸投資，除了緊跟美國腳步的現實考慮外，也多少帶有幾分對『新中國』的好奇與曾經侵華的歉意。

然而，這幾分好奇、同情或歉意，我相信，已隨著中國近年在國際舞台——特別是在南海和釣魚台問題上的蠻橫而煙消雲散。反過來，北京當局這種翻臉無情的做法無不讓曾經多少有點示好的西方和日本感到心寒。即使口頭不說，內心裡也難免嘀咕中國人忘恩負義。

未來，我相信，就算釣魚台問題沒有演變成世界大戰，西方（尤其是日本）也會靜悄悄地從中國大陸撤資、撤廠，縮小對中國的貿易。盡量不轉移商品技術，更將勢所難免。

這樣一來，對自主研發商品技術還遠遠落後的中國，可真是得不償失啊。

人間的道理其實是相通的，如果一個忘恩負義的個人會讓人不齒，那麼，一個忘恩負義的國家又何嘗不是？這一切，看在甚至與南海、釣魚台毫無關係的國家眼裡，難道不會心懷警惕？這對「中國的崛起」豈非一大障礙？

事實上，個人也好，國家也好，得了好處即翻臉不認賬，有了點實力就耀武揚威，其實是斷送了自己未來長遠更大的利益。目光短淺，莫此為甚！」

沒想到不幸言中，如今三年過去，加工裝配無根型經濟的中國，已經在西方日本心寒覺醒後的轉移行動下，開始嚐到苦果。未來如何演變，雖在未定之天，但可以肯定的是，中國莫說挑戰美國，就算挑戰八大工業國（G7＋俄羅斯）裡的任何一國，也還早呢。

誰也挑戰不了

當然，我們絕非有意視而不見中國這幾十年在物質建設上所取得的巨大成績。但更重要的是，中國的知識份子必須認識，自己在進步，別人也在進步，而且別人的進步可能更大。如果只習慣於顧影自憐，驕矜自滿，因小有成就而沾沾自喜，因稍有實力而不可一世，那只能說是夜郎自大，並不會因此而更受人尊敬。

總而言之，言而總之，人類文明發展到今天，可貴之處就在於，鼓勵多元，鼓勵競爭，鼓勵創新，鼓勵共享，大家按遊戲規則公平比拼。在此前提下，美國有什麼不可挑戰的呢？

但如果中國的領導層和知識份子始終要懷著一種被迫害妄想狂的情緒來挑戰，比不過就覺得受委屈，比不過就覺得被欺負，動不動懷恨在心，動不動就亟思報復耍小動作，那麼，莫說挑戰不了美國，甚至挑戰不了任何一個國家，因為終有一天，甚至挑戰不了被它自己「坐天下」而高壓在底下被禁錮的人民！

二〇一五年六月十九日

螳螂捕蟬，黃雀在後——全球氣候大會所帶來的省思

宋亞伯

第廿六屆全球氣候變遷大會經過兩星期的紛紛擾擾，終究還是雷聲大雨點小地結束了。莫說與會各國領袖拿不出切實可行的辦法，事實上，就連會場外抗議的環團組織，也提不出有效對策。

事實擺明，自一九九五年以來，除了去年因疫情影響而停辦的全球氣候大會，儘管每年都做出承諾，但實際卻是，溫室氣體排放量逐年增加，地球暖化情形逐年惡化，各地方氣候變異逐年加劇，就如瑞典環保少女桑伯格（Greta Thunberg）所說，事實已經證明，過去廿五次全球氣候大會，都是失敗的！

筆者前不久為文〈消費主義狂潮下有心無力的全球氣候大會〉指出，如果不解決當前人類社會的消費主義問題，地球暖化趨勢，終將無解。

然而，更可嘆的是，就在人類自身所引起的地球暖化氣候變異浪潮，以一波高過一波的強度，一浪快過一浪的頻率，把整個地球，把全體人類，推向災難的深淵之際，人類社會裡

的各個成員，卻還在為各自眼前利益，處心積慮撥打小算盤。

消費主義早已淹沒絕大多數人的思言行為固不必說了，等而下之的，像毛共軍機不斷擾台誓言吞併台灣以實現「中華民族偉大復興」！像北韓獨裁金正恩發展核導彈誓言不惜同歸於盡！像貝佐斯，馬斯克等超級鉅富競相推出太空旅遊甚至移民外太空計畫！像各國政府為了經濟不管武漢肺炎是否真已有效控制而爭相開放邊界，普通民眾更是迫不及待一窩蜂湧向各地旅遊！

凡此種種，讀者不妨想像一下，如果我們從遠處遠眺，這像不像極了螳螂捕蟬，黃雀在後的場景？

反思現代文明

如果說，地球暖化氣候變異已然成為人類全體遲早面臨的大災難，那麼，不論是毛共中國為了所謂「民族大義」而處心積慮武統台灣也好，西方國家為因應毛共中國大肆擴軍而以大幅度提升軍備回應也罷；不論是各國政府為了刺激消費不顧一切開放管制也好，一般民眾不顧一切外出觀光旅遊也罷。像不像極了在地球暖化氣候變異這隻黃雀面前，一心一念專注於捕蟬的螳螂？

記得看過一則漫畫，描述人類的現代科學和發明創作，就好比一群在一個大氣球上孜孜不倦的螞蟻，努力啃咬，偶有所獲，即興高采烈宣稱跨進一大步，甚至宣稱可征服一切，然而就在此時，被咬破的氣球爆裂，全體螞蟻，同歸於盡。

不容諱言，曾經利用厚生，為人類社會帶來舒適生活的現代文明，最大缺點是不是也正是其只能加速度向前而無法回頭的單向道？也許，如何為這單向道上的各色車輛配備適當的煞車機制，才更是有心人應該思考的一個大方向吧。

二〇二一年十一月十八日

中華民國不倒，台灣不會好

——從史明歐吉桑參加元旦升「車輪旗」談起

李丁園

新年（二〇一八）元月裡，台灣的各報刊出一張照片，是月初元旦那天蔡英文向坐在輪椅參加她的升旗典禮的史明歐吉桑問候的照片。看了照片及相關報導，本土派民眾有極大的憤慨及感受。在此，我們加以討論。

今年新年初一，蔡英文執政團隊在保持現狀的原則下，照例舉行所謂的升旗典禮，是升「中華民國」的車輪旗。第二天台灣各媒體尤其是併吞派（統派）競相報導說，蔡英文從頭到尾唱完所謂的「國歌」，更大肆報導史明歐吉桑，也坐著輪椅參加升車輪旗典禮，並且附上蔡英文特別向前探視問候的特照。《蘋果日報》「台北耳語」稱「……升旗典禮，在眾多出席的人士中，最引人注意的不是蔡總統，也非世大運金牌選手，而是有台獨歐吉桑之稱的台獨革命實踐家史明。」

併吞派媒體炒作此新聞意思和作用很明顯，他們一定很得意，內心深處可能在想：「妳蔡英文今天終究向我們公開投降，連帶的也把台獨大老史明帶過來獻禮。太棒了，台灣就是逃不出中華民國」。在台的中國人看在眼裡，一定高興萬分，他們「終於等到妳蔡英文」唱他們的黨歌。

史明歐吉桑的一生是從事台獨建國，反對中華民國

我們多次在不同場合，尤其美國地區台灣人夏令會及世台會中，聽他公開的演講和私下個人討論，再根據他最近出版的回憶錄，我們知道史明歐吉桑從來不承認「中華民國」在台灣的合法性。本名施朝暉的史明歐吉桑，成長於日治時期，一九三七年，赴日本早稻田大學唸政治經濟學部。年輕有理想的他，在早稻田大學很熱衷，著迷於當時最時髦、「最前進」的馬克思共產主義，社會主義和無政府主義思想。大學畢業後，由於充滿著馬克思主義及反帝國主義的理想，他在一九四二年前往中國參加中國共產黨的抗日。

一九四九年底中國共產黨打跨中國黨前夕，他因為瞭解中國共產獨裁，而與他在一九四六相織的日籍女友平賀協子兩人，逃離中國，回到了睽違十餘年的台灣。八年的中國經驗也讓他幸運躲過一九四七年台灣二二八大屠殺。回台後不到一年，就看到中國黨獨裁政權的白色恐怖，與中共如出一轍，他體驗到台灣的將來，唯有台灣獨立建國一途。於是，一九五一年許他在台北組織了「台灣獨立革命武裝隊」，準備刺殺獨裁者蔣介石，不幸事跡洩漏，於

一九五二年五月搭貨輪偷渡到日本，女友平賀協子則搭飛機去日本會合。在東京，與平賀協子開中華餐館、並開始將從餐廳賺來的錢，全部投入台灣獨立建國工作。

在日本流亡四十年中，史明歐吉桑先後創立數個台獨組織，最著名的的是在六〇年代成立的獨立台灣會，此組織在九〇年代遷回台灣。他更注入心血用了十年的時間，在一九六二年寫成，以台灣人立場寫出並出版日文版《台灣人四百年史》一書，留給台灣獨立運動最寶貴的資產——台灣民族主義。在美國的台美人，則於一九七九年可買到限量的中文版。此外，他也定期發行「獨立台灣會」機關刊物，宣揚社會主義和台灣獨立建國，免費寄給全球台灣留學生，開啟在美國台灣留學生以左派思想，對在美加地區中國併吞派宣傳，作致命性反擊。是以，史明堪稱為左派台獨的教父。

九〇年代台灣黑名單解除後，史明於一九九三年再度回到四十年未見的故鄉。有別於台灣獨立聯盟的高層人員加入民進黨，投入「中華民國」體制參與政治，做所謂的「體制內改革」，他繼續做體制外的獨立建國運動。

一九九五年三月由日本遷回台灣的獨立台灣會台北宣傳車隊成軍，我們在每週六、日下午常見到他的打鼓車隊在台北大街小巷，宣揚台灣獨立和台灣民族主義，持續至今從未間斷。史明一生信奉社會主義，主張台灣獨立，先獨後左。所以，回台後，他偏重於台灣民族主義和台灣獨立的宣傳。繼其《台灣人四百年史》一書後，他也埋首寫《台灣民族主義》及《台灣獨立》等書，並由史明基金會出版。他與右派台獨有相同的認知，即民族主義是一支大旗，中國人不論是毛澤東或是蔣介石，都懂得揮舞中華民族主義大旗來勾中國人的魂，及洗台灣人的腦，台灣人就要用台灣民族主義對抗中國人的大中華民族沙文主義，把台灣民族主義意識，作為鼓舞台灣人民獨立建國運動的思想武器。

正是史明歐吉桑對台灣獨立建國的堅持，去年二〇一七年十一月五日，六十餘個海內外台派社團將在凱道舉辦「史明百歲生日分享會」，超過千人在現場為他慶祝百歲大壽，肯定史明歐吉桑長期獻身於台灣獨立建國運動的貢獻及表示大家對他的敬意。

蔡英文使史明歐吉桑參加車輪旗升旗典禮，作了不良示範

顯然的，史明從來不承認「中華民國」在台灣的統治權，當然不認為車輪旗是台灣國的國旗，參加升車輪旗典禮與他畢生追求的台獨理念很格格不入。何況就他的身體狀況而言，百歲高齡，坐在輪椅，生活起居完全要靠人服務。即使他為了挺蔡英文，受到邀請後自願表示要參加典禮，那是蔡英文團隊政治判斷不夠在先，發函邀請，讓他在人扶持下到現場。其後，蔡英文個人政治敏感度不足又特地前往致意，故意讓媒體拍攝。結果使史明歐吉桑的反中華民國的台獨標誌，受到污染。

更糟糕的是，升旗典禮區裡外有舉台獨牌示呼應史明的台獨理念的台獨民眾，被警方壓制，與史明歐吉桑參加他不認同的升旗典禮、受到蔡英文致意問候有鮮明對比。場內台獨人

士舉牌，馬上被警方壓制趕出場外，而在場外者，就完全被警方及鐵絲網隔離，不得進入場內，即使這些舉台獨標語牌者只是靜靜的舉牌而已。

史明歐吉桑參加升旗不能提高蔡英文民調

蔡英文在二〇一六搭乘太陽花學運，及九趴馬桶被台灣人民所唾棄的順風船，輕易的擊敗曾在新北市長選舉打敗她的中國黨朱立倫，民進黨也一舉在立院得到絕對多數的席次，取得台灣全面執政權。然而，執政不及兩年，民調直直落，還多次面臨死亡交叉，連過去力挺的青年支持率，也不斷崩盤。去年底民意支持度僅有30%左右，台灣民意基金會一月二十八日公布今年（二〇一八）首次民調，蔡英文不贊同者高達46.7%、贊同度為31.7%，創下了她自二〇一六年五月上任以來第二低的紀錄。

民調低迷，使蔡英文上任後就開始佈局二〇二〇的連任之路，滿佈荊棘，寸步難行！即使有全面執政的優勢資源，天空卻是厚雲滿佈，風暴一波又一波。年底九合一選舉，民進黨有意投入參選人的看板以及文宣，幾乎沒有人與蔡英文的合照，明白表示她在本土派民眾選民中的支持度低或不受歡迎度高。所以，媒體提早唱衰，蔡英文的江山可能不保，網路已經傳出蔡英文可能是在台灣第一位不能連任的總統。不是嗎？民進黨大老辜寬敏在不久前，也呼籲蔡英文做四年就好，不要選連任，而由民調遠超過她的賴清德出馬，以保住本土政權。

她知道她的低民調，是因為嚴重流失本土派基本盤。也知道不喜歡她領導方式下的兩個主要原因，一是本土派不喜歡、不支持她的保持現狀的華獨，二是反對她透過法務部的中監一再刁難阿扁，亦即實質在軟禁阿扁，沒有落實轉型正義與司法改革。然而，她無法或是不想解決此有關政治的問題。因此，她無法由此方向來拉回本土派民眾的支持。

所以，她及其團隊另找「非政治性」藥方，而且是速成的偏方。她先以賴清德換下林全，確實，馬上見效。很可惜，民調開高後，不到幾個月在年底前就再度走低。她不死心，認為可以再用本土派民眾尊敬的人物來登高支持。她及其團隊知道史明歐吉桑，在本土派民眾有崇高的地位，因此，邀請史明來參加總統府元旦升旗一升車輪旗典禮。希望藉史明為她的華獨背書，拉回本土派民眾。蔡英文她及團隊認為，連台獨最年長，輩份最高，一向不認同中華民國和車輪旗的史明歐吉桑都到場捧場，本土派民眾必然因此而認同或贊成她蔡英文的做法，必定會使她的民意支持度回升。

她及其團隊表面上低調的邀請史明歐吉桑參加升旗典禮，但升旗典禮結束後，卻高調的向坐在輪椅上的史明致意問候，讓所有媒體照相，成為該活動的焦點及焦點人物。蔡英文的意圖昭然可見。

然而轉型正義及司法改革聲中，在各地推倒或刀砍二二八元兇蔣臭頭銅像、代她施行轉型正義的台灣勇士們卻被她的司法機關折磨。去年台北世大運，幫助柯文哲將台美人為台灣正名在台訂製的台灣旗，丟入垃圾桶，更派國安局黑衣人（憲兵）把手持台灣標語布條的年輕人，粗暴的抬出運動場看台，抓入警察局。表明台灣是次殖民地，連非官方的奧會系統也要聽命，甚至自我矮化代替世大運發言，限制自己的民眾不得在觀眾席，拿台灣旗及標語布條。蔡英文和柯文哲欺騙民眾在先，侮辱台灣及欺壓民眾在後。

這些基本的台灣意識台灣價值的問題，不是邀請史明歐吉桑參加升旗典禮，為她背書華獨現狀可解決的。因此，除了是不折不扣的消費了史明外，她無法改變本土派民眾對她的不滿，無法拉高民意。

車輪旗不是台灣的國旗

一張政治性的圖片或照片往往產生很大的效應。一九六〇年代，在《自立晚報》寫雜文批評時政出名的專欄作家柏楊（郭衣洞）以一張翻譯《大力水手》父子兩人在孤島上的詼諧漫畫，於一九六八年元月在《中華日報》刊出，使蔣介石父子大怒，認為是影射他們父子在台灣島，拆穿他們反攻大陸神話等等，馬上打入黑牢近十年（稱為大力水手事件）。但是此漫畫同時教育白色恐怖時代下的台灣民眾，尤其是在大學的年輕學生，產生對蔣介石父子獨裁的反感，無形中，培養壯大海外台灣留學生台獨建國及台灣本土黨外民主運動的勢力。

諷刺的是，這次台獨指標人物史明歐吉桑參加流亡政府的升旗典禮，蔡英文向前致意問候的照片，卻危及台灣的民主及獨立建國運動。其結果是蔡英文不但讓史明在其人生留下瑕疵外，而且更教壞沒有堅強台灣意識的民眾，尤其是年輕的天然獨，使他們誤認台灣是中華民國。也使投機的台灣人政客有藉口，一方面喊台獨，一方面與大中國中華民國派妥協。此舉幫助中國黨長期以來對台灣人一代代的洗腦，以為中華民國就是台灣，以為車輪旗是台灣的國旗。造成運動員和文藝工作人員到外國參加比賽或表演，以為自己拿車輪旗就是代表台灣，愛台灣的錯誤觀念。

台灣民主化後，歷任的執政者包括李登輝、陳水扁、馬桶和蔡英文中，只有阿扁總統是正港台灣派，其餘三位都是在全面執政下的中華民國派。李登輝和馬桶都是中國黨籍，傳承獨裁者蔣經國，保護中華民國神主牌位是意料之中，即使馬桶復辟獨裁，把阿扁時代改名為台灣的國營企業，又改回為中國名號、以及傾中賣台動作等，沒有人意外。阿扁在任內朝小野大下，仍大力推行本土化，台灣正名運動及提出中國、台灣，一邊一國，然而同樣是民進黨出身的蔡英文，卻是華獨派，全面執政的作為就不符本土派民眾的期待。

大失所望聲中，她不但不改弦易轍，反而步步令人擔心。她不但不對中國習近平最近霸道改變航道作嚴重的抗議譴責，抗議中國戰機環繞台灣壓境威脅；反而討好習近平，以中華民國的升旗典禮，要台獨指標的史明向中華民國投降，去彰顯「中華民國」，彰顯「中華民族」。

前幾天，蔡英文致美國華府台灣同鄉會年會視訊致詞表示「會顧好主權」。網路上馬上向她喊話說：「要顧好台灣的主權，不是 ROC，中華民國的主權。」真是一針見血！

蔡英文及其團隊替中國黨製造機會，就保持現狀及中華民國的神主牌而言，有人說她及民進黨，越來越像中國黨，甚至有人說變成中國黨的附隨組織了。台灣人民不斷繞圈子，一直在教育反教育，洗腦反洗腦的惡性循環中，無法擺脫中華民族主義，無法一舉成功產生台灣民族主義、台灣獨立建國的共識。

中華民國不倒，台灣不會好

自從太陽花學運後，民間及網路就流傳著「中國黨不倒，台灣不會好」的言論。現在，又開始流傳「民進黨不倒，台灣不會好」和「中華民國不倒，台灣不會好」的新詞語。前者應是針對蔡英文而起，應是怪罪於她的保持現狀，顧中華民國而起。所以，中華民國是台灣的禍根，我們要清除這個禍根，台灣才會好。

的確，中華民國不倒，連百歲輪椅老人也要在寒風下，被抬去參加他一生反對的升車輪旗典禮。

中華民國不倒，蔡英文「一重江水一重山，誰知此去路又難；任他改求終不過，是非到底未得安」（註：數天前，蔡英文到台南，寺廟南鯤鯓代天府，抽到下下籤，雖說是迷信，然而不但反映出她目前的困境，更反映出台灣在「中華民國」魔咒下的困境和危機。）

中華民國不倒，台灣不能正名，只是一個民主卻是仍被殖民的地方。

中華民國不倒，民進黨不會好。
中華民國不倒，台灣人民一直受到其《憲法》的綁架，受制於土匪中國。
中華民國不倒，台灣人民不能制定《憲法》，修改國名，制定新國旗及新國歌。
中華民國不倒，台灣人民在國際上活動永遠只能用「中華台北」名義參加。
中華民國不倒，台灣人拿著其護照，也不能進入聯合國總部參觀。
中華民國不倒，台灣在國際上不是一個主權獨立的國家，無法進入聯合國。
中華民國不倒，台灣不會好！

二〇一八年二月八日

台美暫不建交　蔡習會有影？

李木通

台美建交　蔡政府退縮了

九月二十日外交部長吳釗燮接受美國全國公共電台（NPR）專訪時表示，台美關係近來快速進展，台灣會持續強化雙邊經濟、貿易、政治與安全關係，但是「目前不尋求建立全面外交關係」。他進一步說：「若與中國發生衝突，台灣不會依靠美國干預。」

吳部長的話顯示，美國正在推進「台美建交」，而台灣不接受美國的好意。再者，中共武力犯台時，台灣也不期待美國的協助。這種說法很明顯的違反了台灣人民的認知，令人難以接受。

台灣人民希望很快的就與美國建交，並且希望美國在台灣駐軍，這是抵抗中共武力併台最有效的辦法。為什麼吳部長會上美國電台把話講絕了，難道台灣真的不需要美國協防？

有必要在美國電台大聲宣揚嗎？

換個角度思考，目前美中正處於劇烈的衝突中，為了不讓台海變成美中兩國的戰場，「暫時不與美國建交」，這種策略大家都可以了解與支持。但是「有必要在美國的公共電台大聲宣揚嗎？」。為了保護台灣的安全，數十年來美國台僑、美國的政要、以及民間團體花費多少心血。吳部長的言語可能引起誤會，打擊士氣。

我們知道吳部長的語言絕不是他個人的意見，一定是代表蔡政府的政策。為什麼蔡政府會做這種蠢事？一位教授級的名嘴給了答案。他在電視節目上說：「美國要與台灣建交的訊息，讓中共很緊張。於是習近平傳話給蔡政府表示，最近的軍機繞台只是安撫中共內部鷹派的作為，不是真正要動武，並且表示希望能與蔡政府互動」。他進一步解釋，吳部長的話是「回應習的善意」。這位名嘴還很有自信地預言，美國大選過後，「兩岸將恢復接觸」。

這位名嘴的聲譽很好，他的話可信度很高。我們要質疑的是，中共經過祕密管道傳話，也看不到對台灣做出有意義的讓步，為什麼蔡政府要退一大步，並且大肆宣揚？最令人感到不安的是，他所說的，「美國大選過後，兩岸將恢復接觸」。

兩岸將恢復接觸

從「兩岸將恢復接觸」使人聯想到二〇〇五年在陳水扁總統第二任初期所發生的一連串事件，從令人意外的「扁宋會」以及其後宋楚瑜的「搭橋之旅」，這是精心設計一齣戲，目的就是要宋楚瑜促成「扁胡會」。但是卻被連戰的「破冰之旅」搶先登陸，不但搶走了光環，也開啟了國民黨人　先恐後地向中共輸誠，如今已經成了中共的同路人。扁政府成為大輸家，不但「扁胡會」未能成局，並且促成綠營內部的分裂，從此走入衰敗的路程。

讓我們看不久前的一段報導，一月二十日總統蔡英文接受電視訪問時，談到有關「蔡習會」的問題表示：「只要有助於兩岸的和平穩定，這有幾個原則比如說，和平、對等、民主、對話。這八個字，確實就是他們希望在這個基礎之上，來促成兩岸的互動。而任何型態的互動，我們都可以來考慮」。

希望蔡政府不必要考慮「蔡習會」

我們希望蔡政府不必要考慮「蔡習會」，與毫無信用的中共政府會談是不會有好結果，上述扁政府失敗的例子就是「前車之鑒」。要學李登輝總統，努力建設台灣，增強台灣的國力。再者，蔣經國一生都在與中共爭鬥，對中共最了解，會制定「不接觸、不談判、不妥協」的三不政策，一定有他的道理。

近二、三年來，自由世界逐漸看出中共政權邪惡的本質。目前，在美國的帶領下，聯合全球自由民主國家，完成對中共政權的包圍圈，使中共政權陷入內外交困。習近平正極力尋求突破，一定會再度變臉，對台灣採取笑臉攻勢。習近平會拋出什麼樣的誘餌，來吸引台灣政府與台灣人民，值得大家一起關注與警惕。

二〇二〇年十月五日

台美建交何時成？中華民國何時了？

李木通

二〇二〇年九月一八日晚間蔡英文總統在總統官邸宴請，來台灣參加李登輝告別追思禮拜的美國副國務卿柯拉克（Keith Krach）及他所率領的訪問團。蔡總統在晚宴中感謝美國政府支持民主台灣的立場，並且表達「台灣有決心踏出關鍵的一步」。引起各方的猜測，到底「關鍵的一步」是什麼？根據當時美國政府的舉措以及國際局勢的發展，關鍵的一步應該是「美國與台灣建立外交關係」。

不過，「關鍵的一步」並沒有踏出。九月二十日外交部長吳釗燮接受美國全國公共電台（NPR）專訪時表示，台美關係近來快速進展，台灣會持續強化雙邊經濟、貿易、政治與安全關係，但是「目前不尋求建立全面外交關係」。他進一步說：「若與中國發生衝突，台灣不會依靠美國干預」。很明顯的，蔡政府回絕了美國的「台美建交」提議。

台美建交遙遙無期

事後，媒體一面倒的稱讚「蔡總統英明」，因為老共早就已經放話，假如台灣與美國建交，一定攻打台灣。因此，她的決定避免了一場「戰禍」。

讓我們從另外一個角度來看這件事情，當時的情況：（一）川普是最反共且有魄力的美國總統。（二）正在他競選連任期間，不可能對中共退縮。（三）「建交」是美方主動提出。（四）美國與日本海軍艦隊與陸戰隊正集結於日本南部，準備一場大規模軍演，目的在於震懾中共，不得在美國大選期間輕舉妄動。這是對共軍最不利的情況，在這種情況下，共軍攻台幾乎是死路一條。

這種非常難得的機會，什麼時候會再來？答案是：「幾乎不可能再出現」。在比較不利的情況下，台灣敢與美國建交嗎？答案是：「更不敢」。因此我們可以斷言：「台美建交遙遙無期」。

蓬佩奧：台灣一直不是中國的一部分

十一月十二日美國國務卿蓬佩奧接受電台訪問，談了許多中國相關議題，其中談到台灣的議題，蓬佩奧說：「言語措辭正確總是很重要。台灣一直不是中國的一部分」。原文如下：

「It's always important to get the language right. Taiwan has not been a part of China.」

蓬佩奧所說的中國，很精確的是指「廣義的中國」，當然包括「中華人民共和國」與「中華民國」。想不到台灣外交部的回應竟然是：「中華民國台灣是一個主權獨立國家」。看到這種回應真使人既悲傷又憤怒，悲傷的是蔡政府竟然如此無知的，蓬佩奧是在做台灣與中國的切割，蔡政府竟然自動把台灣跟中國連在一起。只要中華民國存在的一天，中華人民共和國就有藉口來攻打台灣，因為它們都主張自己代表中國，這是中國的內戰。

使人憤怒的是，民進黨披著「中華民國」破棉襖打贏了選戰，就以為披著這件破棉襖可以無往不利，捨不得脫下。怪不得民進黨在「正名」的推動，一直都在推拖。年初吵得沸沸揚揚的「華航正名」，沒有看到後續動作。難道「人民在吵的時候動兩下，議題冷卻了就可以忘記」，就是民進黨領導階層的共識？

改「民國年號」為「西元年號」

以「中華民國」自稱是走不出的，「台灣」才是全世界都能接受的國名，正名是台灣國家正常化不可避免的一環。為了推進「正名」，美洲台灣日報讀者們建議，更改「民國年號」為「西元年號」。可以從身分證上的出生年月日做起，從「民國」改為「西元」。例如民國一〇〇年出生，改為西元二〇一一年。希望民進黨能夠採納這個建議，帶領台灣向前跨進一大步。

二〇二〇年十一月二十四日

中國老祖宗說：「台灣自古不屬中國」

李筱峰

中國國家主席習近平在今（二〇一八）年六月底接見來訪的美國國防部長馬提斯（Jim Mattis）時說，「中國老祖宗留下來的領土，一寸也不能丟。」至於誰是「中國的老祖宗」？以及「老祖宗留下的領土」是哪些？就全憑他們高興怎麼認定，就怎麼認定，因此不同種族、不同血緣的圖博（西藏）、東突（新疆）、南蒙古（內蒙）都成為他們「老祖宗留下的領土」。事實上是，「別人的」老祖宗留下的領土，被他們霸佔著，一寸也不還。

至於台灣，也是他們認定的「中國老祖宗留下的領土」，習皇帝對馬提斯講的那句話，其實主要是針對台灣而言。但是回到真實的歷史，台灣果真是「中國的老祖宗留下的領土」嗎？

我在拙著《台灣史 101 問》的第二問，就提出「台灣自古即為中國領土的一部分嗎？」，以下是解答：

如果台灣自古即為中國領土的一部分，那麼台灣史上出現的第一個統治政府，應該是中國政府，然則非也，而是荷蘭。而荷蘭進入台灣統治，卻又是當時的中國（明帝國）政權所同意的。先看這段史實：

十七世紀初，西方勢力東漸，荷蘭人曾於一六〇二及一六二三年，兩度佔領已隸屬明帝國的澎湖，第一次經沈有容交涉，荷蘭退出澎湖；第二度佔領時，明帝國當局再度要求荷蘭撤離澎湖，荷蘭則一邊提出通商要求，一邊派兵襲擊廈門沿海。明帝國官方在與荷蘭代表交涉當中，曾建議荷蘭不妨到台灣去，並表示會派遣商船前往台灣大員（今台南安平）貿易。荷蘭遂於一六二三年十月派員先到大員觀察，並進行要塞工事，但仍未退出澎湖，明政府只好以武力解決。

雙方經過八個多月交戰，最後議和，在和約中達成三項協議：一、荷蘭退出澎湖；二、荷人退出澎湖後，去佔領台灣，明政府沒有異議；三、准許荷蘭人今後來明帝國通商，明帝國商船，也可以往台灣及爪哇與荷蘭人交易。這就是荷蘭人在一六二四年進入台灣，建立台灣史上的第一個統治政權的背景。

可見此時的明帝國，並沒有認為台灣是其領土的一部分。十七世紀時代的中國政府，都不認為台灣是他的領土，則何來「台灣自古即為中國領土」之說？

以下，我們還可以舉更多的史料，來證明台灣自古不屬中國。

證據之一

中國宋朝有一位趙汝适，在出任福建泉州市舶司提舉時，對外商進行查訪，於一二二五年寫成《諸蕃志》。書中有〈琉球〉、〈毗舍耶〉等篇。關於〈毗舍耶〉，他說：「毗舍耶語言不通，商販不及。……泉有海島，曰彭湖，隸晉江縣（泉州府），與其國密邇，煙火相望，時至寇掠，其來不測。」意思是說，這個叫做「毗舍耶」的地方距離澎湖很近，經常到澎湖劫掠，出沒無常。有些學者推斷，毗舍耶指的應該是台灣，如果屬實，則以上記載又證明這個「語言不通，商販不及」的台灣，當然自古不屬中國。

至於「琉球國」被認定為台灣，更無疑義。趙汝适對〈琉球〉的敘述說：「琉球國……無他奇貨，尤好剽掠，故商賈不通。」內容與前面近似，同樣證明當時台灣不屬中國。

證據之二

完成於一三四九年的《島夷誌略》一書，是中國元朝南昌人汪大淵，出海遊歷「越數十國」的見聞錄。書中有〈琉球〉條，指的是台灣。汪大淵在敘述〈琉球〉的文字中，除了有大約二、三百字的敘述之外，在最後以這句話結尾——「海外諸國，蓋由此始」。意思是說，海外的各國，是由台灣開始起算。可見此時的台灣，並不屬於中國。

證據之三

中國元朝稱台灣為「瑠求」。明朝所修撰的《元史》，將「瑠求」列在〈外夷傳〉。在〈瑠求傳〉中，有這樣的敘述：「瑠求在外夷……漢唐以來，史所不載；近代諸蕃市舶不聞至其國。」又記載元朝至元二十八年（一二九一年）有楊祥請求領兵前往瑠求招降一事，其詔書中說「海外諸蕃，罔不臣屬，惟瑠求邇閩境，未曾歸附」。意思是說，海外各國都向中國納貢稱臣，唯獨這個靠近福建的台灣，不曾來歸附。此次招降台灣，最後沒有成功，但正好證明台灣自古不屬中國。

證據之四

一三六八年，明太祖朱元璋登基，頒發聖旨，指出台灣是一個島國，叫做小琉球國，位在中國東南方，與朝鮮國、日本國、大琉球國，都不屬於中國統治的國家。原文如下：「東北，朝鮮國。正東偏北，日本國。正南偏東，大琉球國、小琉球國。」這是記載台灣與中國關係的第一份文獻。

朱元璋又告誡子孫：「吾恐後世子孫，倚中國富強，貪一時戰功，無故興兵。將不征諸夷國名開列於後……小琉球國。」意思是說，不要以為可以在歷史上留名，就可以依賴中國富強，貪圖戰功，隨意討伐，這些週遭十五個國家，永遠不可入侵，其中包括當時被稱為小琉球國的台灣。

一三七一年，朱元璋又再頒發諭旨：「海外夷國，……不為中國患者，不可輒用兵。古人言：『地廣非久安之計，民窮乃易變之原。』」意思是說，海外這些包括台灣在內的島國，如果不危害中國，不可動輒用兵，古人說：土地廣闊不是長治久安之計，人民窮苦勞累，才是滋生變亂的源頭。所以朱元璋立下這道永久遵守的告示。

證據之五

一六〇三年，明帝國的沈有容將軍，出兵台灣剿倭寇，當時台灣被稱為東番。有人就問沈有容：「賊往東番，非我版圖」，何必進剿？隨軍的連江縣人陳第在〈舟師客問〉一文中，幫沈有容這樣回答：「賊之所據，誠非版圖。如必局守信地而以遠洋藉口，則賊亦終無殄滅之期。」（詳見沈有容，《閩海贈言》）意思是說，倭寇所盤據的台灣，確實不是中國領土，但若受此侷限，以遠洋為藉口，而不出兵進剿，則倭寇永遠無消滅之時。這些話足夠證明此時台灣仍不屬中國。

證據之六

前已述及，明朝沈有容為了剿滅倭寇，出兵來到「非其版圖」的東番（台灣）。跟隨而來的陳第，曾停泊在大員（今台南安平），回去之後寫了一篇〈東番記〉，這是早期記述台灣的一篇報導文學。當時一位泉州人陳學伊，隨後寫了一篇〈題東番記後〉，其中說：「假令不有沈將軍今日之巨功，吾泉人猶未知有所謂東番也。」（詳見沈有容，《閩海贈言》）陳學伊說得這麼明白，假設沒有沈有容出兵追剿海盜來到台灣，我們泉州人還不知道有台灣這個地方。那麼台灣怎麼會自古屬於中國？

證據之七

一六六二年據守廈門、金門的鄭成功，準備攻佔台灣，驅逐荷蘭人。行前他發表文告說：「本藩矢志恢復，切念中興，恐孤島（指的是廈門、金門等島）之難居，故冒波濤，欲闢不服之區，暫寄軍旅，養晦待時，非為貪戀海外，苟延安樂。」可見在鄭成功心目中，台灣是一個沒有接受中國政權統轄的「不服之區」，是屬「海外」，不是中國的領土。

證據之八

鄭成功的兒子鄭經於一六六四年退入台灣，建立獨立自主的東寧王國。他於一六六七年在回應滿清政府的招撫時說：「東寧遠在海外，非居版圖之中，王侯之貴，吾自所有，衣冠之盛，不輸中土……」（詳見〈覆滿清官員孔元彰函〉）；又於一六六九年謂：「建國東寧，別立乾坤。」（詳見〈覆滿清官員率泰函〉，收錄於川口長孺，《台灣鄭氏紀事》）。這個東寧王國，是台灣史上漢人建立的第一個獨立政權。所以到了此時的台灣，都還未被納入中國的版圖之中。

證據之九

鄭經在台建立東寧政權，滿清帝國曾數度和他們談判。一六七九年（康熙十八年），清國向鄭經提出最後和談條件，清國代表致書鄭經說：「自海上用兵以來，朝廷屢下招撫之令，而議終不成，皆由封疆諸臣執泥削髮登岸，彼此齟齬。台灣本非中國版籍，足下父子自闢荊榛……」（詳見〈平南將軍貝子賴答致鄭經諭文〉）意思是說：「自從你們父子在台灣舉兵以來，朝廷數次向你們招撫，都無結果，這都是由於地方官員執意要你們薙髮結辮、登岸請降，結果都談不攏。台灣本來就不是中國領土，你們父子自行前往開闢……」話說到此，已夠明白，時間已到十七世紀下半葉了，清帝國承認台灣還不是中國的領土。

證據之十

鄭經來台建立東寧政權時，明朝的貴族寧靖王（朱術桂）也跟著來到台灣。鄭氏政權到了第三代鄭克塽時投降清國，寧靖王傷心自殺，死前留下這樣的絕命詩：「艱辛避海外，總為數莖髮。於今事已畢，祖宗應容納。」這首詩雖然無啥文采，但它具有高度史料意義，讓我們知道，流亡到台灣二十年的明朝遺冑，到死之前還把台灣看成「海外」。

證據之十一

一六八三年，鄭成功叛將施琅攻下澎湖，鄭克塽主政的東寧王國降清，清康熙皇帝對原就未統治過的台灣持棄留未決的態度，施琅居於家族之利與向康熙表功，乃上〈恭陳台灣棄留疏〉，影響康熙決定將台灣併入清帝國的版圖，在疏文中言及：「台灣一地，原屬化外，土番雜處，未入版圖……」台灣納入清國版圖後，施琅在〈壤地初闢疏〉中亦提及：「……此地自天地開闢以來，未入版圖；今人民既歸天朝，均屬赤子。」（詳見施琅，《靖海紀事》）

這位被中共當局尊崇為「統一台灣大功臣」的施琅，卻是替我們證明了台灣自古就不是中國的領土。

證據之十二

一六八三年八月，清帝國把台灣的東寧政權滅了，卻躊躇了八個月，才決定將台灣併入版圖。原來清廷內部還在考慮台灣要不要併入版圖，而有台灣「棄留之爭」。如果台灣自古即為中國領土，應該立刻「光復國土」才是，其實不然。原先主張棄台的康熙皇帝認為：「台灣屬海外地方，無甚關係；因從未響（向）化，……」「台灣僅彈丸之地，得之無所加，不得無所損。」「海外丸泥，不足為中國之廣。」（詳見《清聖祖實錄選輯》）康熙皇帝替我們證明，台灣自古就不是中國領土。

證據之十三

一七二三年，康熙的兒子雍正皇帝也說：「台灣地方自古不屬中國，我皇考聖略神威，取入版圖。」（詳見《清世宗實錄選輯》）用白話說，就是：台灣這個地方自古以來不屬中國，我父親（康熙皇帝）深具謀略威望，把台灣納入版圖。

證據之十四

一六八四年，清帝國將台灣編入版圖，歸福建省管轄，下置台灣府，清朝官員為奉承康熙皇帝，曾上書請康熙增加尊號以紀念其「威德之盛」，康熙以三藩之亂初定，已頒過詔而未應允，官員之上奏諭文提及：「台灣乃海洋島嶼，今雖蕩平，與閩省版圖原無關涉，……」；施琅之前的福建水師提督也曾說：「台灣乃外國荒遠之區。」（詳見清內閣檔案《清代官書記明台灣鄭氏亡事》，原書名《評定海寇方略》）

證據之十五

一六九七年，郁永河來台灣採硫磺，路程從台南到北投。他回去之後，將他在台灣所觀察到的自然與人文景觀，以流暢的文筆寫成《裨海紀遊》。天生喜好奇旅的他說道：「台灣遠在東海外，自洪荒迄今，未聞與中國通譯之貢者。」意思是說，台灣遠在東海之外，從原始的太古時代到現在，沒聽說透過通譯，派遣使者來中國朝貢的。這部十七世紀末最具代表性的台灣遊記，也清楚告訴世人，台灣自古不屬中國。

證據之十六

一七二二年完成的《重修台灣府誌》，其前言說得極明白：「台灣自古為荒服奧區，聲教所不及。」

證據之十七

清帝國派首任巡台御史黃叔璥，於一七二二年六月來台，巡視過程觸目所及多是平埔聚落，於是引發他將原住民風俗文化，分區記錄於《台海使槎錄》的動機。此部旅遊書寫的〈自序〉提到：「台灣自康熙癸亥始入版圖，重洋絕島，職方不紀，初無文獻足以攷信。」意思是說，台灣自一六八三年（正式統領是一六八四年）始納入清帝國版圖，長久以來因海洋千里阻隔，掌地理輿圖等職務的官員，未曾細加記錄，致使清治初期缺乏信實的文獻足以參考。此話不僅透露古來以漢字詳述台灣的文獻，寥寥可數，更證明了台灣自古不屬中國。

證據之十八

一七五二年謝遂繪製的《皇清職貢圖》，是中國清代描繪「外藩」民族的畫冊，其中包括有描繪十八世紀台灣原住民的圖像，是了解台灣南島民族極重要的史料。《皇清職貢圖》（卷三）有這樣的記載：「台灣自古不通中國，本朝始入版圖。」（詳見《文淵閣四庫全書》，史部，頁二二四）

證據之十九

一七八六年，台灣發生震驚清廷的林爽文抗清事件。閩浙總督李侍堯邀請曾任廣州知府、貴西兵備道的趙翼研商對策。趙翼就是寫《廿二史箚記》出名的史學大師。林爽文事件歷時一年兩個月，才被清帝國鎮壓下來。事件後，趙翼撰寫〈平定台灣述略〉一文，除簡述台灣歷史，並敘述林案始末之外，文章開頭的第一句話就說「台灣自古不隸中國」！

證據之二十

清帝國治台中期，曾有姚瑩三度來台任官，最後之官職為台灣最高行政官的「道」，留有《東槎紀略》史料文集。在〈平定許、楊二逆〉（一八二四年的許尚、楊良斌反清事件）一文中敘明：「台灣入籍一百四十年，……」剛好是一六八四年清帝國併台設治後的一百四十年；另在〈埔里社紀略〉一文中亦言及：「……台灣本海外島夷，不賓中國。自鄭氏驅逐狉獉始闢，入籍時止三縣；半線以北，康熙之末，猶番土也。」（詳見《東槎紀略》）這兩段話呈現清康熙時才併台治台的史實，也反映到十九世紀初期清帝國真正治理的，也只有台灣西部彰化（半線）以南地區而已。

證據之二十一

清嘉慶、道光年間以「為官不在多言，當官務持大體」見稱的閩浙總督趙慎畛，在〈平定台灣〉一文中說：「台灣自古不入版圖。聖祖仁皇帝（康熙）命靖海侯施琅等俘鄭克塽，而郡縣其地。……」（詳見趙慎畛，《榆巢雜識》）；清朝皇族中相當著名的一位學者禮親王昭槤，也在〈台灣之役〉一文中說：「台灣自古不通中國。……」（詳見昭槤，《嘯亭雜

錄》）（以上摘引自《台灣史 101 問》的第二問）

前引歷歷在目的史料，都證明台灣自古不屬中國。台灣直到一六八四年，才被滿洲人的政權併吞。此時所謂「中國老祖宗留下的領土」也已被滿洲人（同盟會所謂的「韃虜」）入侵，成為大清帝國。滿清不僅併吞「中國老祖宗留下的領土」，又侵併蒙古、回疆、「西藏」。蒙、回、藏的老祖宗留下的領土，被侵略之後，無法復國，今天卻變成習近平們所謂的「中國老祖宗留下的領土」，好笑之至！

二〇一八年七月九日

獵人頭・燒紙錢・宗教自由？

李筱峰

近百年前，「台灣文化協會」蔣渭水、林秋梧等諸多志士們早就呼籲台灣同胞不要迷信、勿燒冥紙。至今，紙錢灰煙依然飛揚，尤其過年過節更甚！

常聽到那些為維護來自中國的封建民間信仰的人說，汽機車排出的廢氣，比焚燒的紙錢還嚴重，怎麼不去反對汽機車？

汽機車是生活無法避免的（而且我們也在極力改善），但是用真錢換假錢，再把他燒掉，這種蠢事是生活必須的嗎？

明知汽機車已夠污染，卻還要燒紙錢來添增污染，不知反省卻還振振有詞回護！

話說回來，燒紙錢不嚴重嗎？

每年燒掉廿八萬噸冥紙浪費一百三十億元

台灣每年燒掉約廿八萬噸的冥紙，浪費新台幣約一百三十億元。每年燒掉的紙錢，至少排放十八萬噸二氧化碳，需要一千五百萬棵喬木，一整年才能吸收完畢，其危害更勝於汽、機車廢氣。紙錢燃燒所產生的廢氣，含有一氧化碳、硫氧化物、氮氧化物、苯、甲苯、乙苯、戴奧辛，與其他不完全燃燒之碳氫化合物等，很容易引發皮膚癌、腦腫瘤及鼻咽癌、肺癌等，對人體健康有嚴重的危害！（資料來源：台灣環境資訊協會 TEIA；〈追求心靈喜樂　宗教及環團籲少焚香燒紙錢〉，中央社，二〇〇八年五月三十日）

宮廟文化的提倡者也許又會說，以上數字是十幾年前的資料。沒錯，近年應該有改善，但我們不該以此為滿足。放眼下去，燒紙錢的現象依然到處可見。

宮廟信徒又有人罵我迫害宗教自由。怪哉！我又不是掌權者，我如何迫害宗教自由？你要信關公、媽祖、王爺、太子爺，你要拜樹木、石頭、呼神（蒼蠅）、蟑螂……，我都沒意見。但是你們要燒紙錢危害我們的健康，我以受害人身分，嚴正抗議！

以前部分原住民族為了祭祖而有出草獵人頭的宗教習俗，現在早已禁止，這是迫害宗教自由嗎？宗教自由可以殺人嗎？

獵人頭是快速殺人，長年燒冥紙害人健康是慢性殺人！都不是宗教自由。

二〇二一年二月十七日

紅色恐怖籠罩香港

林保華

一直領導近來香港反送中「和理非」（和平、理性、非暴力）大遊行的民間人權陣線召集人岑子杰十月十六日夜裡在去開會途中被四、五個人襲擊，頭手受傷流血倒地。這是他第二次被襲擊。連「和理非」都被襲擊，也怪不得更多人加入勇武派，並且提出「和理勇」的主張。

這種襲擊事件已經數不勝數。參與襲擊者比較公開的有三種人，一種是本地黑人物，一種是福建請來的打手，一種是僱請居港的南亞人（印度、巴基斯坦、孟加拉乃至尼泊爾人）；不排斥還有便裝警員與中國公安。因為有官方支持或介入，所以英明神武的香港警方無法破案。

青年被自殺　數萬公安易裝介入

比這個更恐怖的是這兩個月出現的一百多宗自殺事件有好些相當可疑而懷疑是「被自殺」事件，例如墜樓頭破血不流，說明血液早已乾枯而凝血，或者可疑的浮屍被急急火化。其中十五歲少女陳彥霖裸身自殺最可疑；她不但是運動的參與者，而且自殺為何要裸身？而校方在「籌備」三天後拿出的錄影剪輯破綻百出。特首林鄭月娥急急表態有人陷害警方企圖逼大家噤聲更是心懷鬼胎。反正警方的答覆全是「死因無可疑」。正常日子的死因都會有可疑之處，在這個不正常的日子與不正常的自殺數字，反而千篇一律無可疑，這才是最可疑之處。

原來警隊在鎮壓時的過分武力，已經被懷疑有中國公安、武警易裝介入，因為不止一次錄到「同志們」等普通話，現在這種傳言更甚，因為有警察被放假而須留下他們的肩章和警號，顯然有人頂替，以後頂替者殺了人，如果查出編號，留下編號的還要「食死貓」（被迫吞下贓物），而真人因為准許警察蒙面而無法辨識。香港警察快速沉淪，除了被洗腦以外，就是被混入一批中國的「專政者」，人數有幾千人到幾萬人不等。除了在「前線」參與鎮壓，更有介入制定全盤指揮與謀殺工作。因為這種被自殺，流行於蘇共與中共的黨內鬥爭，尤其文革期間，公安部長李震、雲南軍區司令員譚甫仁這樣的高級幹部都被自殺，那麼香港一些年輕人被自殺，在習近平眼裡又算什麼？

現在明白了，為什麼中共要先發制人把「恐怖主義」栽贓給香港人，就是要掩飾他們早已進行的對香港的恐怖手段。人們還會期望香港能夠回到一國兩制嗎？做夢也回不去了。香港已經進入中共在延安時代的「搶救運動」與文革期間的紅色恐怖。美國的香港人權法案恐怕已經無力扭轉香港的恐怖情勢。

二〇一九年十月十八日

香港人投奔怒海了

林保華

一艘載著十二位香港青少年的快艇從九龍西貢開往台灣途中被中國巡邏艇攔截，十二人被送中。據報，他們中有「香港故事」成員李宇軒，還有屠龍小隊幾名成員（香港警方有一個行動又快又狠的「速龍小隊」對抗議民眾施暴，所以民間也組成屠龍小隊對抗他們）；十二人中有兩位十七歲，一位才十六歲。他們落在共產黨手中，命運堪憂，受到凌虐是不必說了。年紀輕輕就要受到這樣的磨難，令人難受。

這艘快艇長度不到十公尺，即使沒有被攔截，在汪洋大海中如果遇到風浪，也很可能傾覆而葬身魚腹。這比一九八九年六四期間的黃雀行動風險更高，因為當時只是從廣東沿海到新界而已。文革期間中國民間沒有快艇，靠游泳或手抱串聯的空汽油罐划到新界。中共創黨總書記陳獨秀的小女兒陳子美就是這樣漂到香港投奔自由。其中不知有多少人因為力氣不繼，葬身大海。

一九七三年一月二十七日，美國國務卿季辛吉與越共政治局委員黎德壽簽署巴黎和平協約，長達十年的越戰宣佈停火。同年，兩人獲得諾貝爾和平獎。黎德壽表裡一致拒絕接受獎項，果然南北越內戰再起。一九七五年五月一日南越首都西貢「解放」，越南實現統一，西貢市改名胡志明市。接下來是越共的排華運動，大批華裔被遣送回中國廣西務農。不久越南華裔與廣西的越南華裔從不同地方投奔怒海，漂到東南亞國家與香港。一九八二年，香港著名導演許鞍華拍攝越共暴政的《投奔怒海》問世，由林子祥、繆騫人、馬斯晨、劉德華主演。同年，中國決定收回香港，當時我的想法就是香港人哪一天也要投奔怒海。

香港曾接受數萬越南難民

中英談判與主權和平轉移拖延了香港人投奔怒海的時間。當時香港根據英國的第一收容港政策接受數萬越南難民，最後在九七前把他們都轉送其他英聯邦國家。由於香港地方小，一下來幾萬難民，雖然都關在萬宜水庫附近的難民營，香港人也覺得要「陸沉」而受不了。包括民主黨未來新星的吳明欽也反對接受。（他後來不幸因癌症早逝。）當時我是不以為然的，香港人如果不伸出援手，哪一天香港人也要投奔怒海時怎麼寄望他人伸出援手？

我在北京華僑補校與人民大學的一位同班同學是越南僑生，他的侄子被送到廣西後再逃到香港，我這位還留在上海的同學拜託我去探望他。我完全沒有門路，後來港大一位比較熟悉香港衙門的同事幫我打聽路數，因為路很難走還陪我去，然而不巧，這位侄子正好不在。

原來他被分配到加拿大去了，也算了卻一件心事。因為難民營也不斷傳出打架等等事件，女性處境更為恐怖。

然而相較於越南，柬埔寨情況更為恐怖，因為投奔怒海的機會更少，以致人口死亡率達三分之一。原因是越共親蘇，柬共親中，親中比親蘇更左更沒人性，因為中共比蘇共文化背景不同而更加野蠻。九七後我們移民紐約，見到越棉（高棉即柬埔寨）寮（寮國即老撾）社團，一致反共，我們很談得來，不像華人社團還有親共反共或者搖擺之分。然而他們許多人經營超級市場，需要從中國進貨，後來也不敢反共了，令人洩氣。

媒體報導這次攔截之前還有兩批成功到達台灣了。對他們當然要進行審查，但是願意如此冒險來台灣的，一般都比跳機的可靠。被攔截的那批據說是香港警方報告中國當局而被攔截的，但是香港警方還不敢承認。以後是否還有人投奔怒海沒人知道。在嚴刑峻法面前，為了活命，有些人情願一搏。只期望他們小心一些，注意安全，也希望老天保佑他們。

半數港人為難民及其後代

香港人反共，就是因為一半以上是從中國合法非法逃來的難民及其後代。然而有些人會因為許多原因而改變。例如我們僑生，有些因為要同中國做生意而親共，把我當作敵人了。後來當了政協委員的劉夢熊是文革期間游泳過來的，大概九年前遞給他反共團的名片他還猶豫不大敢收，但最後還是與梁振英鬧翻，他的政協委員也被拔除了，不過仍然「愛國」。期望來台灣的香港年輕人，成為台灣的反共生力軍，以他們對共產黨的認識與鬥爭經驗，與台灣人一起，抵抗中共，有朝一日打回老家，光復香港。

台灣人更應該從上述投奔怒海的事件中感受到了共產黨的恐怖統治，幾十年如一日，不要對共產黨有任何幻想，不要上中共在台灣代理人的當。在敵我已經日益短兵相接的時候，台灣的公權力應該要有更有效的發揮，來捍衛台灣的國家安全。台灣決不能失守，一旦失守，能夠投奔怒海的有多少人？

二〇二〇年八月三十一日

台灣人果真驚死、愛錢、愛面子？
——順便討論李木通與葉望輝（Stephen J. Yates）先生之間的一席對話

林健次

求生、惜財、愛名本是人性，所以獨裁者對於被統治者運用恐嚇、收買的統治術，古今東西皆然。外號「吹牛大王」的前台灣總督府民政長官後藤新平，把這三點人類共同的特性套在當時的台灣漢人身上，誇大其所謂「台灣人愛錢、驚死、愛面子」的重大「發現」，形成其所謂的「治台三策」、作為獨裁統治台灣「恩威並濟」的理論基礎；殖民統治下，台灣人到底是什麼東西，只能隨後藤去講。台灣人名、實皆遭糟蹋，是殖民地人民的悲哀與無奈。

後藤新平擔任台灣總督府民政長官期間為一八九八至一九〇六。一八九八是日本入台後三年。他所看到的是清帝國下的被統治者和被割讓、拋棄後的台灣人民。一百二十年前的台灣人是不是比當時世界其他國家的人更「愛錢、驚死、愛面子」，公元二〇一七年的今天台灣人是不是比一百二十年前更「愛錢、驚死、愛面子」，沒有嚴密客觀的社會科學研究，是不可能有答案的。

遺憾的是，到現在還不時有人拿「愛錢、驚死、愛面子」來作為台灣人的原罪，實在是太自我作賤了。而這種台灣人「驚死」的印記甚至常常不自覺的、或有意無意的被拿來作為打擊或阻止台灣獨立的理由。

美國開國元勳誓詞vs.台灣人的護台行動

最近，北美台灣日報社社長、蔡英文海外後援會會長李木通先生，投書《自由時報》（八月二日），說友好的美國人葉望輝先生（Stephen J. Yates）認為並警告台灣人「美國反對台灣獨立公投」。李先生引述葉望輝的話說：

「台灣還沒有準備好（Not Ready），像美國開國元勛，他們宣誓，願意以他們的生命、他們的財產、他們神聖的名譽（Sacred Honor）來保證他們支持美國獨立宣言。假如台灣人願意以生命、財產及神聖的人格來保證全力支持台灣獨立建國，就可得到國際的支持及援助。但是目前台灣還沒有準備好。」

拿美國開國元勳的「宣誓」來要求全部或多數台灣人，實在是太抬舉台灣人了。事實上美國的開國元勳（Founding Fathers），即使包括獨立宣言的起草人、簽署人，美國憲法的起草人，及 Constitutional Association 與 Articles of Confederation 兩分文件的簽署屬人，扣除重複，總計不會超過一百五十人，是當時北美十三州的政治菁英。拿這些少數菁英的「宣誓」誓詞來跟所有台灣人的可能行動相比，實在有點牛頭不對馬嘴。但是竟然還是這樣輕易的被拿來比較，說台灣人 Not Ready，草率的把台灣人比下去；可見「台灣人驚死」一詞毒害甚深。

事實上，筆者也不太能相信這是 Stephen Yates 做的比較與講話的脈絡；假如李先生轉述真的無誤，那麼 Mr. Yates 是有點讓人失望了。李木通先生害怕獨立造成台灣危險，可是在文末卻點出希望各界對公投法要慎重評估，實在是引喻失義。公投法只是規範，不等於實現公投，不等於獨立公投，也不等於贊成獨立，「美國也沒說反對」，何需如此懼怕？

台灣人真的怕死？

根據美國杜克大學與台灣政治大學的一份民調，二十至廿九歲台灣青年世代的台灣認同高達八成以上，主張獨立的遠遠超過半數，願意為了台灣獨立而上戰場的有兩成多。

這兩成多是高是低。必須做比較研究。假如世界其他獨立國家在受到外國侵略的時候，面對同樣的問題平均都只有百分之二十或以下的民眾願意打保衛戰，那麼台灣統計超過兩成也不能說是決心不夠了。二次大戰時，德軍攻進巴黎後法國政府馬上逃難、導致軍隊潰散。後藤新平的後代、今天的日本年輕人，連上街頭抗議都意興闌珊，不曉得護衛日本的決心夠不夠？美國基層勞動大眾四十幾年來實質工資不升反降，仍不見撼動體制的示威與抗議，他們會有捍衛美國的精神與能量？六四以後，一切向錢看的中國人，會有護衛中國權貴資本主義的決心更是令人懷疑！

美國獨立革命雖然和保衛台灣獨立、面對中國的侵略有許多的不同。但是以有「決心」的人口來相互比較，或許可以給大家一點「決心」人數比例高、低的判準。

美國十三州在一七七六年人口約為兩百五十萬，革命軍（Patriots）人數時增、時減，平均約保持在九萬人左右。革命戰爭期間先後曾經加入革命軍的人數約在二十到二十五萬人之間，即人口的 8% 到10%。這些不是開國元勳的美國革命軍人，其佔美國當年人口的比例，還不到願為台灣獨立上戰場的台灣青年的一半！

廿一世紀的今天，我們絕對沒有理由去相信一個一百二十年前的殖民者、為了統治方便所製造的「台灣人愛錢、驚死、愛面子」等輕視、蔑視台灣人的「肖話」；更不能讓這些「肖話」陰魂不散、回過頭來阻礙台灣人的自由、人權與進步。

二〇一七年八月十日

台灣國家正常化之路——台灣獨立建國行動芻議

林健次

提倡愛與非暴力的江蓋世先生曾經將「台灣獨立」的各種面向做過簡單的分類，筆者稍加增修，大致如下：

（一）現狀認識：「已經獨立」、「尚未獨立」、其他。

（二）主權歸屬：台灣人民自決權、中屬、美屬、日屬、其他。

（三）獨立方法：公投、領導人逕自宣布獨立、宗主國與台灣人民協議、武裝革命，其他。

（四）公投選項：獨立公投、制憲公投、入聯公投、正名公投、自決公投、建國公投、和平中立公投、其他。

世界各國獨立的方法與建國的過程形形色色，並沒有單一或標準的公式。所以談到以上觸及台灣獨立的論題，獨立運動者互相之間認識與意見不一樣是很正常的。筆者基本的看法是，各種看法並沒有絕對的對錯，只要主張能夠清楚明白，淺顯易懂，對內容易爭取最大多數的支持，對外避免不必要的戰爭，並且能進一步受到各國的承認，可以使台灣早日成為正常獨立的國家，就是好的方法與論述。

一、台灣已經獨立了嗎？

廣義的獨派之中，有人認為台灣已經獨立，有人認為台灣尚未獨立。不過他們都認為：

（一）台灣應該是個獨立的國家。

（二）台灣應該成為正常的國家。

雖然獨派之間對台灣是否已經獨立的認識有歧異，對於「台灣不是個正常國家」卻有極高程度的共識，對於台灣需要那些建國工程，才能成為正常國家，其認識也大致相同。不管是否認為台灣已經獨立，台灣從現在開始到國家完全正常化之前所必須完成的建國工程，獨派之間的看法只有次序的歧異，沒有內容項目的不同；他們多認為：「台灣必須要有一部以台澎為領土、族群平等、沒有殖民體制殘餘、人民自由的憲法，對外受到多數國家承認，並進行平等獨立的外交。」

本文即以這些目標的完成為國家正常化的成功，也是獨立建國的成與完成。

到底以「台灣已經獨立」的觀念來進行「國家正常化」比較快速、順利，還是以「台灣尚未獨立」的認識來處理比較快速、順利？

民進黨長期以來認為「台灣已經獨立，它的名字叫做中華民國」，其結果是國家正常化不但沒又進步，在蔡英文政府維持現狀之下，中華民國殖民體制反而被蔡政府正常化，台灣憲法變成天外之物、遙不可及、形同放棄。認為台灣已經獨立，容易給人台灣國家已經正常化的錯覺，以為對外「自稱台灣」就大功告成，其他就可有可無；其結果是，即使總統有時稱本國為台灣，但是因為沒有憲法的基礎，連公務員都不一定遵行，人民更無所適從，而且台灣和中國的憲法臍帶永遠未斷，隨時給中國併吞台灣較好的藉口。

還有一種說法，認為把台灣當成已經獨立，可以免去許多有關獨立的法律程序或建國工程，免得刺激中國引起戰爭。這種不作為、不進行建國工程，國家不會正常化的台獨主張，是嘴巴的台獨、不是台獨，是假的、騙人的台獨，應予戳破。

認為「台灣還沒獨立」一詞馬上會提醒台灣政府與人民，台灣國家正常化與建國工程的不足，比較會正視與解決國家正常化的問題。所以，對台灣國家狀態的認識，比較有建設性的認識是：「台灣應該是個獨立的國家，但是還沒有獨立。」

二、台灣人獨立權利的來源

聯合國憲章裡的民族自決權，淺顯好用。台灣人要成為一個獨立的國家，台灣人自己就是權利的來源。只要台灣的多數人明確表達贊成獨立，台灣人就有權利成為獨立的國家。

近幾年有少數人一談到台灣獨立就要扯到台灣從哪裡或哪一國獨立，逼台灣人自己要去找一個宗主國來獨立，自己人還沒討論就在替幾個「宗主國」唇槍舌戰、把事情複雜化、讓人越聽越不懂，連爭都爭不完，遑論進一步行動，其必要性有待商榷。談到宗主國，有少部分人會說台灣還是「日屬」，或還是「美屬」，當然中國會說台灣還是「中屬」。台灣人本來就有獨立的權利，到底是「什麼屬」，那是自認為台灣的宗主國的國家的問題，不是台灣人的問題。自認對台灣有宗主權的「聲索方」，自己會跳出來，實在不用台灣人到處「認宗認主」。像中華人民共和國，不就是自己跳出來說它是台灣的宗主國嗎？台灣人可以認為中國沒有這種權利。同樣，對所謂「美屬」、「日屬」，也可以自決權優於一切，加以排除，至少不用花時間精力去討論。

當然，這並不是說台灣並不需要有政治、法律、歷史學者去了解並利用所有有關「中屬」，「美屬」、「日屬」理論有關的法理與歷史。但是作為獨立運動的理論與動力，只要利用自決權、了解自決權優於其他權利來源，就是簡單有力原則。

三、獨立建國的方法

台灣有政府、土地、人民，也有「用來」管理這個政府、這片土地與人民的憲法與制度。問題是，這部憲法是中國的憲法，憲法的領土涵蓋中國的土地，而且不包括台灣；這個政府甚至還在繼續統治中國的領土、如金門馬祖及其住民。相對的，假如我們想像把金門與馬祖的土地擴大百萬倍，那麼這部憲法就變成是金門馬祖（中國）統治台灣了。這就是台灣施行這部中國憲法的荒謬、矛盾之處。

用這部中國憲法統治台灣還有一個更大的問題，那就是殖民體制：

第一，因為是中國憲法，所以很多非台灣事務的機關、事務、人事與支出等資源的耗費都還繼續存在，而這些非台灣的機關與事務都比較有可能由認同「台灣是中國的一部份」的人擔任。以國父紀念館為例，中國孫文與台灣無關，國父紀念館的存在純粹是因為「台灣是中國的一部份」，它一直在提醒台灣的母國是中國。而且，即使給予相同的機會，這個機關都不太可能由認同台灣為祖國的人擔任。軍隊的殖民體制更明顯。「國軍」因為依憲法是中國軍，那麼認同台灣的軍官被壓抑、不容易升遷也可理解。這些都是因為中華民國憲法而造成的政治、經濟、資源的不平等而有利中國認同者的殖民現象。

第二，由於台灣使用中華民國憲法，因而與中華人民共和國有關係的人、事、物都必須特別考量，而又不能以他國、敵國、或叛亂團體事務處理這些人、事、物，因而造成涉中事務必須以一國兩區的「兩岸人民關係條例」來處理。認同中國者的涉中事務較多，涉中事務的特殊處理，也是一種有利中國與有力認同中國者的殖民體制。以所得稅為例，依兩岸人民關係條例二十四條，「台灣人」在中國國內的所得，視為中華民國境內、大陸地區的所得，「……其在大陸地區已繳納之稅額，得自應納稅額中扣抵。」

以上中華民國憲法所帶來的殖民體制問題，就是為何筆者認為，「台灣必須要有一部以台澎為領土、族群平等、沒有殖民體制殘餘、人民自由的憲法，對外受到多數國家承認，並進行平等獨立的外交」才算獨立建國成功。

在公投、領導人逕自宣布獨立、宗主國與台灣人民協議、武裝革命等數種獨立建國方法中，透過公投優於一切其他途徑顯而易見。

幾十年來政治經濟與國際局勢發展已可判斷，「武裝革命」不太可能、也不需要；即使武裝革命團體成功的控制了中央政府，其效果頂多跟在中華民國體制下選了一位新的總統差不多，建國工程還是一樣也不能少。「宗主國與台灣人民協議」，主控權都操在兩個有力的潛在的「宗主國」，中國與美國，多談無益。「領導人逕自宣布獨立」，只完成了宣佈的動作，可是少了公投過程所帶來的正當性；制憲以及尋求各國承認的工作仍要完成。更重要的是，在正當性薄弱下，逕自「宣布獨立」、刺激中國引起不必要的反應，不一定明智。透過公投正當性高、操之在我，又可選擇中國難以武力反對的策略，顯然是最佳的選擇。

四、公投的選項

公投可能完成三種目標：第一、民意的表達；第二、民意的授權；第三、民意的規範與命令。但是，公投有時只能達成其中的一種或兩種。而且，它力量所及的範圍僅止於國內。譬如說，它不能命外國政府承認台灣或同意台灣加入聯合國。因此，台灣國家的正常化必須要時間，而且並不完全操之在我。

公投選項之一的「建國公投」，其意義與內涵可能因人而異，不易討論也不容易在實務上運作。公投選項之二「自決公投」之意若為決定獨立或合併，則其內涵類似近「獨立公投」，可和「獨立公投」一併討論。公投選項之三「和平中立公投」重點在「中立」，而且若沒有美中兩國的認同，頂多是意願的表達。此外，建國工程也仍要另行討論設計。

「獨立公投」，「制憲公投」，「入聯公投」，「正名公投」，是近二十年獨立運動主張的共同主流。顧名思義，這四個公投所要達成的階段性目標並不相同，所以它們並不是互相排斥；事實上它們可能是互相補足多於互相排斥。

「正名公投」的效力涵蓋台灣的自我稱呼以及「去中國化」的稱呼，它的效力僅止於名稱，無關台灣政體的實質。它的好處是容易推動，相對容易成功；它容易引起民眾注意台灣名實之間的矛盾；它可以分批完成；它可以做為制憲或獨立的先行運動；它比較不會引起中國的武力反應（當然中國一定會以言詞強烈恫嚇）。它的缺點是：名字改過了確造成台灣之名與中華民國體制的名實不符，仍然還是少不了制憲這個工程，它容易讓人誤以為名字改了，國家就正常化了；也就是這個原因，正名過程比較會被為取巧的政客所用，徒然拉長國家正常化的時間。

加入聯合國大概是台灣國家正常化的最後工程項目之一。在台灣獲得世界多數國家承認之後，加入聯合國自然水到渠成。事實上，台灣得不到多數國家承認，要進聯合國也很難。入聯不可能比台灣獨立早。而台灣在獲得多數國家承認之後若選擇不加入聯合國，也不會影響台灣國家的獨立性。現階段以台灣名義加入聯合國的訴求可以宣傳和彰顯台灣的困境與台灣獨立的需要。但是現階段以「入聯公投」作為獨立或建國的手段的選項，可能只會是政客的選舉花招。「入聯公投」通過後，遞個申請書去聯合國，然後以失敗收場，政府什麼事都不用作，什麼事都不會發生，連正名工程都不會開始。

五、制憲公投優於獨立公投

「獨立公投」的題目可能明示或意味公投通過後制憲的需要，也可能明示或意味通過後是否宣布獨立。不管如何，獨立公投通過後仍然需要制憲的工程以充實獨立的意義與內涵；而且「獨立」公投本身較諸其他公投應是中國最可能有直接強烈反應的選項，所以風險也比較大；這是相對的風險與阻力。獨立公投過後，經過制憲的過程，不論是否宣布獨立，仍然需要努力獲得國際的承認，才算國家正常化、獨立建國成功。所以，從獨立公投到獨立建國成功，也是一個過程，需要時間，不是一蹴可及。

中華民國憲法不適用台灣，不只是領土範圍適用的問題，還有政府、法律體制的問題。至少中華民國憲法體制必須全盤的翻修，這是全民的共識。以制定台灣憲法來同時解決政府、法律體制、領土範圍及殖民體制問題，獲得的絕大多數的認同的可能性相當高。「制憲公投」的另外優點是，它避免對中國作不必要的刺激，中國的反應也會相對溫和。制憲完成，國內自我正名的法定程序也跟著完成。公務員、外交官，不管是藍是紅，只能稱本國為「台灣」去推動外交，名正言順的爭取承認。從制憲到陸續獲得國際承認、獨立建國成功、需要時間，與「獨立公投」之路一樣，不是一蹴可及。

但是，

（一）「獨立公投」↓制憲（含國家名稱）完成↓多數國家承認↓獨立建國成功。

（二）「制憲公投」↓制憲（含國家名稱）完成↓多數國家承認↓獨立建國成功。

以上二條途徑，何者風險比較低、成功率比較高、速度比較快？雖然表面看起來因為「獨立公投」裡有「獨立」二字，給人獨立成功近在呎尺的感覺，筆者推敲後倒是認為「制憲公投」風險較低、勝率較高、速度較快。台灣使用不合適的中華民國憲法、由獨立的「管理當局」治理、「獨立存在」已近七十年；制憲只是換了個管理軟體，沒有對外宣布獨立，甚至沒有獨立二字，對外什麼也沒改變，國際的接受度與同情一定很高。國際的高接受度與高同情度，一定會使世界各國認為中國的激烈反應沒有必要；這不但會使中國反對的正當性降低，也因而會影響中國的行為、降低中國反對動作的激烈性。以上中國與世界各國的反應互相影響的結果，一定會大幅提高制憲之後多數國家承認台灣的可能性。

制憲完成後，一如「中華民國」憲法時期一樣，台灣繼續爭取與世界各國建交，可以很自然的迴避「宣布獨立」的問題與所帶來可能緊張。

筆者的綜合看法是：「制憲公投」優於「獨立公投」；「正名公投」或任何正名運動適合做為「制憲公投」的輔助戰鬥工具。現階段的首要工作當然是努力達成公投法的鬆綁，讓「制憲公投」成為可能。

六、宣布獨立的非必要性

事實上，即使走「獨立公投」途徑，也不一定必要經過「宣布獨立」過程。歷史上「宣布獨立」多用在被壓迫的族群革命成功、成立新政權時，或區域性團體革命成功、不再接受騎在頭上的中央統治團體的管轄時；宣布獨立動作的目地在表現分離、劃清、獨立的意志，在爭取國際認識與承認上或有需要。在「宗主國與人民達成協議」獨立的國家，或有獨立日或憲法日，但正式宣佈獨立在爭取承認上並不重要，可有可無。台灣已有「至高無上」的管理當局近七十年，在其上並沒有更高的統治機構，似乎沒有宣布獨立的急迫性或必要性。宣布獨立，如前段所述，除了刺激中國，對於爭取國際承認可能還有反效果，應該沒有必要。

另有極少部分人士，因為不承認「中華民國」的正當性，以為透過「中華民國」政府舉行公投，新國家將經由「中華民國」插手而生，也會跟著沒有正當性，所以反對在「中華民國」體制內以公投作為建國的途徑。這是對正當性的誤解。其實，在沒有暴力脅迫與作弊下的狀況下由人民自由表達意見、做選擇，不管公投由誰辦理，都有的正當性。

每個人對政治、對獨立內涵的了解不見得完全相同。筆者學習經濟與管理出身，對政治與公法的了解有限，所以本文當然會引發不同的討論。最佳的獨立建國途徑需要經過互相說服的立場。假如不能互相說服、集中力量推動制憲公投，筆者希望台灣獨立同志能以不互相攻擊為準則、各自努力，盼望在到達頂點的前一刻，大家能合作拉拔、同時登上獨立建國的峰頂。

二〇一八年十二月二十四日

台灣人只配選爛蘋果？

林健次

全世界只有台灣用民意調查去推派總統候選人。為什麼？是台灣的政客聰明？還是西方國家人民笨？不好意思，是台灣人笨；是台灣人被台灣政客騙，而且被騙得洋洋得意！

上一個禮拜，綠色選民，不，是綠色的電話接聽者，大量的支持韓國瑜，讓韓國瑜這個綠色選民眼中最不真、最無能、最統、最「不似人君」、最想罷免的藍色候選人出線，成為國民黨的總統候選人。綠色電話接聽者，以為幫藍軍推出在普選中勝算最低的爛蘋果韓國瑜出線，一如以前推洪秀柱出線一樣，自以為奠定大選勝利的基礎，歡欣鼓舞、雀躍不已。不過，綠色選民不要健忘，才在一個月前，藍色的電話接聽者，也跟上周的綠色電話接聽者一樣，幫民進黨選了一個較爛的蘋果蔡英文作為候選人。藍軍當時也是歡欣鼓舞，自以為得計。整體觀之，台灣人替台灣兩大政黨推選了兩個爛蘋果去當總統候選人，結果卻歡欣鼓舞，筆者只能用笨蛋或神經病去解釋台灣人的行為。

總統初選制度是害人的荒謬丑劇

所以，台灣這種初選制度是一個台灣人害台灣人的制度與荒謬丑劇。在這個荒謬丑劇中，台灣人只能從兩個爛蘋果中，選一個爛得比較不徹底的。

這個制度的得利者至少有三方面：

首先，最自然的得利者當然是台灣各政黨實際掌權人；因為他們可以實際控制民調的「選務」與運作。實際的掌權人或掌權派系，事實上等於選手兼裁判，可以圖利自己，不在話下。

第二，中國共產黨對這種民調選人制度的歡迎與支持，決不亞於民、國兩黨的實際掌權人。一者因為這種初選選不出真正的、好的、能幹的台灣政治人物。二者這種制度因為藍色選民參加綠色的民調，綠色的選民參加藍色的民調，使得這種「選舉」，在藍營不會談統，在綠營不會談獨。其結果是本來愈辯愈明、愈有利的台灣前途、台灣主權問題完全被迴避、跳過，台灣的國家意志與台灣認同也完全不是課題。台灣主權獨立、正名、制憲也不會成為重點。所以，「台灣認同」不管選幾次舉、做多少民調，頂多只會在原地踏步，長期有利中共統戰。尤有進者，這種劣幣驅逐良幣的錯誤的民主方式，使得很多人對民主政治失去信心，甚至以為反而不如中共的「民主」集中制。這就更投中共之所好，更有利於中共的統戰與分化了。

第三，希望台灣沒有主體性、只會乖乖聽話、任由美國職業官僚擺佈，方便她們和中國交易的美國職業親中派，也會樂見台灣繼續這種制度。這類人物可以最近投書華盛頓郵報的所謂「中國通」為代表。這些「吃中國飯」的人，套一句美國國家安全顧問波頓批評她們的用語，她們「希望台灣不要存在」，至少希望台灣聽話、沒有意見，不要make trouble，以免破壞她們和中國的交易。

拋棄被民調篡奪的假初選制度

台灣人民一定要改變這種被民調篡奪、沒有選舉的假民主制度、假選舉制度、假政黨政治。

筆者曾經多次在本報與自由時報為文主張學習美國公辦初選。我的基本主張如下：

（一）曾經獲得政府選舉補助的政黨，其候選人必須經由公辦初選產生。

（二）公辦全國政黨初選，在同一天舉行。民眾自由選擇一個黨派參加初選投票。

主要選務機制如下：

（一）公民至附近投票所投票一如台灣傳統選舉，公民只領一張選票。

（二）該張選票上分數區、各區分別羅列各黨初選候選人名單。

（三）公民只就單一政黨候選人圈選一個。

（四）圈選多黨或多人為廢票。

以上的選舉辦法，因為用的是同一張選票，選民的政黨傾向不會洩漏。各政黨支持者較會參加所支持政黨的初選，相當程度杜絕不同政黨支持者互相偷襲、互選爛蘋果給對方的問題。

民進黨在立法院的席次是超級多數，想立什麼法就可立什麼法。蔡英文又實際掌控民進黨中央與民進黨立法委員。假如她要支持公辦初選、讓政黨政治步入正軌易如反掌。而且，蔡英文已是民進黨總統候選人，初選制度如何改變對蔡英文的個人利益糾葛已經減少，因此時機有利蔡英文替台灣建立可長可久的初選制度。

蔡英文與民進黨對公投法因噎廢食的退步作法，已經使很多傳統支持者對民進黨與蔡英文失去信心。大選前改正公投法的錯誤並對公辦初選進行立法，失望的台灣人才有回頭的起碼理由。

二〇一九年七月十六日

特赦阿扁，不只是總統的權力，也是責任

林進嘉

二〇二二年的第一天，南韓前總統朴槿惠獲得現任總統文在寅特赦、釋放。特赦，是憲法賦予總統的特別權力；行使特赦，也是總統應該承擔的責任。

在台灣，扁案本就是政治問題。如果扁案不是政治問題，為何整個審判過程有那麼多的爭議與程序瑕疵：如檢方違法羈押、教唆證人偽證；法院違反「法定法官原則」更換法官、使用鮮少引用之實質影響力說來做為判決有罪依據。如果扁案不是政治問題，為何現在還一再給予阿扁保外就醫？

政治問題，就是要政治解決。特赦阿扁，是藍綠政黨和解的契機，是有智慧、有胸襟、有勇氣的總統所當為之事。

馬英九已經錯過了，蔡英文也即將錯過。

在二〇一六年馬英九總統任期結束前一個多月左右，社會上曾密集出現「建議馬英九總統在卸任前特赦阿扁」的呼聲，認為由馬總統特赦阿扁，具有政治和解的意義。可惜，馬英

九以「扁案還有一些案件待審理，無法源特赦」做冷處理，失去了表現胸襟與智慧的機會。事實上，用「還有案件待審無法源特赦」，是法匠思維。因為赦免法第三條，「受罪刑宣告之人經特赦者，免除其刑之執行；其情節特殊者，得以其罪刑之宣告為無效」，並沒有規定特赦者必須是「宣告判決確定者」。況且，已判決確定者，都可以經由特赦免除其刑，更何況尚未審理判決者。

至於蔡英文，兩任總統就職前，或每逢五二〇，均會出現特赦阿扁的聲音；日前南韓總統宣布特赦朴槿惠，呂副總統也藉機呼籲蔡英文特赦阿扁。但是，針對特赦阿扁，二〇二〇年蔡英文就職前，於五月十三日透過總統府發言人回應說，現階段「總統府認為，最重要的還是確保陳前總統獲得最好的照顧，早日恢復健康」。至於呂副總統日前的呼籲，蔡英文也是透過總統府發言人在二〇二一年一二月二十四日說，「總統府認為，最重要的還是確保陳水扁獲得最好的照顧，早日恢復健康」。完全複製貼上，還真有誠意！這顯示蔡英文的思維，缺乏人性關懷與同理心，因為她不知道，一個人的健康包括身心靈，即使阿扁目前保外就醫，仍不是自由之身心，要「確保陳水扁獲得最好的照顧，早日恢復健康」，沒有特赦陳水扁就辦不到！

事實上，蔡英文曾經親自回答過特赦阿扁的問題。二〇一九年民進黨黨內總統初選時，由於賴清德主張特赦阿扁，於是蔡英文在無可迴避此問題下，於五月二十一日接受廣播專訪，回答主持人提問時說，「這當然是總統的權力，但是也有法律條件要滿足，另外一個就是社會對這個事情的看法，總統必須考慮到社會對這件事情的觀感」。蔡英文這番說詞，根本不知道「特赦，是憲法賦予總統的特別權力」；也不知道「行使特赦，是一個總統智慧、胸襟、勇氣的表現，也是一個總統應該承擔的責任」。蔡英文這個說法，就是她不願意特赦陳水扁的托辭。

最後，我想藉此呼籲，所有希望阿扁獲得特赦的朋友，大家共同努力、發聲，為未來願意特赦阿扁的總統增加助力、減少阻力。

二〇二二年一月三日

台灣司法思想出了大問題！

南方朔

近代社會最讓人不滿的乃是司法對犯罪的懲罰。由於許多懲罰過輕，它就會誘導著人們去從事那種犯行。

就以電話詐騙為例，主犯夥同一群犯人，私設機房、進行詐騙。由於機房是由他們親自掌控，因此當犯行敗露，他們很容易銷毀犯罪紀錄，抓到這些人也很難確定他們的罪證，最後只得輕判了事。台灣的電話詐騙，愈騙愈大，這個行業也愈來愈旺，其實是司法鼓勵出來的。

例如酒駕殺人，這種殺人現在已多得幾乎無日無之，但撞死了人又如何？花錢賠償死者家屬，就可和解輕判，等於沒事。因此酒駕撞死人的泛濫，可以說也是司法鼓勵出來的。

任何社會都有各種犯罪行為，但司法系統或政府首長級的人物，對於具有社會及司法鼓勵而特別發達的犯罪種類，卻必須有社會性的宏觀思考，對於那種特別泛濫的犯罪，有沒有特別的方法來加以防制？懲罰的方式和刑責的裁量能否調整？針對特別泛濫的犯罪行為一定要有特殊的思考。前幾年，柏克萊加州大學教授賽門（David S. Simon）就在精算偏差行為裡指出，近代的司法懲罰，對於藍領階級的街頭犯罪為主，判得也較重，街頭犯罪是指打殺偷搶等犯罪，但對白領犯罪，如智力較高的亂排廢棄物、販賣偽劣商品騙人等犯罪則馬馬虎虎，而且經常是罰款，不必坐牢。因此賽門教授遂認為司法的懲罰，一定要把階級的因素排除，白領犯罪該坐牢就要坐牢。稍早前，芝加哥大學教授，諾貝爾經濟學獎得主蓋瑞貝克（Gray S. Becker）也指出，以不法利潤為目標的犯罪，不能根據它所造成的傷害來定罪，而應根據它所圖謀的經濟利益及圖謀的僥倖因素（即犯罪被發現的可能性）而定罪，這才能罰和罪能夠匹配。

根據賽門和蓋瑞貝克的看法，此刻台灣對泛濫的幾種犯罪，顯然已需有些哲學性的思考。詐騙案是種充滿了脫罪巧門的犯罪型態，由於自設機房，非常容易銷毀犯罪的通聯證據，因而受害者也很難確定，詐騙犯遂有了極大的脫罪空間。由於這種新犯罪有極大的脫罪空間，所以以前那種「犯罪人——受害者——受害內容」連為一體的舉證方式顯然已需調整，因此我認為電話及網路詐騙應調整舉證和定罪的邏輯，那就是一群人私設機房，就應被認定是犯罪的實行，因此一群人私設機房，就符合定罪的要件，它應列在電信法規中，這可防止詐騙犯的狡賴卸罪。它等於是對詐騙犯設下基本刑，而這種基本刑不能太輕；其次則是警察檢調的廣泛蒐證，如果確定了被害人及被害事實，那就符合了一般的犯罪舉證，刑責要加重，而且行騙的方式，如冒充官署，對被害人虛構故事加以恫嚇更可以援引其他法條加重罪責。我相信對詐騙案調整觀念，判刑自然會合理的加重了許多，這對詐騙案必有遏止之效！

近年來食安事件不斷，縱使到了今天還有重大的食安醜聞，台灣的食安案例不絕如縷，也是輕判所致；而且犯行察覺後大老闆也可承諾要捐款作為食安之用，這是典型的「以錢買罪」。台灣的食安問題已傷害了國民健康，食品工業、飲食商業、甚至台灣的國家形象及廣泛的商業道德。對於這種以金錢利益為目標的犯罪，台灣特別要改變觀念，收回商品並退費乃是最惡劣的懲罰方式，因此，我同意蓋瑞貝克教授的論點，這種經濟性犯罪，不能看它造成了多大損害而定罪，而是要去算它圖謀多少利益及僥倖的機會成本而定罪，如果改變思維，每起食安犯罪顯然都會罰幾千萬或數億、數十億，當經濟性犯罪必須付出公司可能破產倒閉的代價，經濟性犯罪自然就會被遏止；當大老闆不能以金錢買罪，必須去坐牢，他們一定會正經去作生意，不會亂來！

酒駕撞死，如果除了賠償外也必須坐牢，不能和解輕判，相信酒駕必然大幅減少。

因此，近年來台灣百姓對司法日益不滿，都在罵「恐龍法官」，有些法官的確該罵，但真正該罵的是台灣的法制。台灣的法律教育只重法條教育，從不重視法律哲學和法律社會學的教育，遂造成了台灣法制不能與時俱進的致命缺點。台灣食安犯罪不斷、酒駕撞死人無日無之、電話及網路詐騙已揚名全世界，這都是台灣司法思想出了大問題！

二〇一六年五月十九日

政府不能太無膽！

南方朔

國際社會是個大社會，有各國政府來往的「白社會」，但也有各國民間形成的「黑社會」，例如各國黑幫來往的國際黑道，它至少包括了國際的走私集團、販毒集團、人蛇集團以及海盜組織，或國際革命地下團體等。

因此，一個現代國家的政府，除了必須對國際「白社會」有理解外，對於國際「黑社會」也不能完全矇然無知。例如一些大國的情報機構，如美國的中情局、英國的軍情處、或中國的國安局，就花了很多精神在國際黑社會上，並對這些國際黑社會暗養了許多專家，用以解決白社會無法解決的問題。最近索馬利亞海盜劫持船員事件，在談判過程中扮演極大角色的英國退役上校史迪德（John Steed）。有理由相信他就是英國軍情處的人員，他曾任英國駐肯亞大使館武官，也擔任聯合國反海盜單位主管，由於對海盜熟悉，所以他才能擔任扮演與海盜談判、要求釋放人質的角色。由於他長期在國際白黑社會穿梭活動，因此他在黑社會也有人脈，在人質談判時遂能扮演角色。

但台灣的政府卻不可能出現史迪德這種人物，因此：

（一）台灣並不是正常國家，縱使在國際白社會裡台灣因為不是聯合國成員，完全不能參與，所以在國際白社會即缺乏人脈與管道。

（二）台灣對國際黑社會從未做出過任何努力，只是看媒體報導知道一些事，台灣的軍人警察也沒有任何人有過國際黑社會的經驗，因此一旦本國人民出現與國際黑社會有瓜葛之事，如本國旅客被外國黑道綁架或漁民被海盜劫持，台灣政府就完全無力，政府不可能派遣特種部隊去緊急救援，也沒有門路去進行談判救人，台灣在國際社會是個懦弱的國家。

（三）從西印度洋到東非海域，乃是龐大的遠洋漁場，台灣漁民在此海域捕魚的極多，如果政府有能力及魄力，早就派出軍艦出海護漁，台灣若出海護漁，大概也沒有哪個國家會反對，但台灣當局從來就沒有動過護漁的念頭，因而台灣漁民在該海域被海盜劫持之事已有多起，都是漁民自付贖金獲釋，政府都沒有出力；我曾經夢想，如果政府出動特種部隊前往救援被劫持的人質，一定可以救援成功，台灣的國際地位必可大大提升。但這種事台灣政府一定不會做，台灣是個怕事的國家，台灣每天所想的只是被美國所保護，如何自我保護從未進入台灣政府的腦袋中。台灣政府什麼都怕，怕國際黑道、更怕國際海盜。因此台灣旅客和漁民只能自求多福，或靠媽祖保佑。

因此最近台灣漁船 Naham 3 號在被索馬利亞海盜劫持了四年多以後，終於在各方奔走及募款支付贖金下獲釋，政府則毫無出力。這起案件實在值得台灣反思，將來台灣漁船或商船若到海盜活躍的地區，政府是否應該武裝護漁護商？如果政府不敢有大動作，至少在漁船或商船應有若干名特種部隊人員隨船保護，政府對漁船或商船總該做點什麼！

二〇一六年十月二十七日

除罪就要除得乾乾淨淨！

南方朔

研究古代中國歷史的，都知道中國第一個盛世是西漢的「文景之治」，當時的漢文帝和漢景帝簡政便民，於是四海祥和，國家快速發展。其中最有名的乃是漢文帝二年，他頒布了〈除誹謗妖言法詔〉，將誹謗完全除罪化。

兩千年前，漢文帝就將誹謗除罪了

在這個皇帝命令裡指出，如果一個國家有誹謗妖言這種罪名，則當官的就不敢進言，害怕會被套上罪名，皇帝就聽不到指責他過失的言論，因此漢文帝對誹謗的罪名，「朕甚不取，自今以來，有犯此者，勿聽治」。意思就是說，他非常反對誹謗這種罪名，如果有人被起訴誹謗，政府司法單位根本不應辦理。西漢文帝是西元前二世紀的時代，距今已二千三百多年，當時就知道為了保障人民言論自由，必須將誹謗除罪化。古代中國在二千三百年前就知道言論自由的重要，難怪當時社會進步，成為第一個盛世。

無論誹謗或妨害名譽，其實都應除罪化，其理由為：

（一）人們對公共事務都有評論權，但評論者並沒有實質權力，所以評論難免與事實真相會有出入；但有出入並不意謂這是誹謗或妨害名譽。頂多只是使評論者的公共信用受到質疑而已。如果要求評論無誤，那就是對評論行為課以不可能的責任，這是不合理的；言論自由權應該大於評論無誤的責任。

（二）所謂的誹謗及妨害名譽，它究竟傷害到什麼？或妨害到什麼？都沒有客觀認定的標準，多半只是當事人一廂情願的說辭，據此而入人以罪，自然難以服眾。因此只要評論的邏輯言之成理，都應除罪化，也不能提起民事賠償之訴。若保留民事賠償，仍是司法的騷擾。近年來台灣官員動輒以名譽受到傷害提出民事賠償之訴，只不過是將刑事轉移到民事，用罰錢取代課刑，限制言論自由的本意始終未變。

祭出民事訴訟，仍是以司法限制言論

（三）因此司改會分組會議決議，應將妨害名譽除罪化。如自認名譽受損，卻仍可用民事訴訟求償，這是為德不卒，不倫不類的決議。台灣若要肯定言論自由，就應把限制言論自由的小路全部堵住，誹謗要除罪、妨害名譽也要除罪，而且不容以民事求償的方式來騷擾言論自由。漢文帝在〈除誹謗妖言法詔〉說道，人民的言論自由會有許多缺點，人民的認知有限，人民也很愚笨，拿不住分寸，但所有這些缺點，在言論自由的大原則下，都可容忍。在兩千三百年前他就有這樣的判斷，今天的人怎麼可以在他之下！

言論自由應是自由社會的最高價值，這種價值不容被任何小技倆所侵犯，不容許用罪名侵犯，也不容許用賠錢當手段來侵犯，除罪就要除得乾乾淨淨！

二〇一七年四月一日

我的台獨夢

施正鋒

我在一九八六年取得政治學碩士，在暑假由從愛荷華州立大學、轉往俄亥俄州立大學繼續念博士，很自然地加入台灣同鄉會、以及台灣同學會。沒有多久就在一次的演講會後，獲邀加入台灣獨立聯盟，認為是至高無上的光榮。台灣人在海外多半念理工，熱情而單純，念社會科學的我是小弟，回國前輪到編輯《台灣學生》，忙得不亦樂乎，沒有捲入聯盟世代交替的尷尬，無怨無悔。

民進黨在島內成立後，眾人相當雀躍，把黨員當作同志，特別是高舉台獨的新潮流。當時似乎有默契，流員到海外就自動成為盟員，大家要費心安排照顧，特別是落難者；相對地，盟員回台想當然耳應該也是流員。在一九八〇年代後期，我除了忙著寫論文，工作之一是開車接待前來北美參加營隊的流員，牽手跟一些太太則忙著煮菜招待。回想那不分你我的時代，其實是自作多情。

我在一九九一年暑假喜出望外接到淡江的聘書，只不過，安全資料沒多久就送到學校，從此被當作毒蛇猛獸。那是三月學運的次年，廢除刑法一百條的運動如火如荼，自然而然加入台灣教授協會，在一九九四年獲推為法政組召集人（前面兩位先進是許慶雄及游盈隆），負責第二次台灣人民制憲會議草擬『台灣共和國憲法』的族群章，從此開始與客家、及原住民族的朋友展開交往。

雖然念的是政治學，厭惡浪費精力在內部的鬥爭，尤其是所謂「土獨 vs. 洋獨」的二分法，畢竟我不是流亡海外的，然而卻又跟島內的社運沒有淵源，不土不洋。當時，台獨聯盟年輕一輩的領袖郭倍宏、李應元先後偷渡回台，風聲鶴唳，不說民進黨有人落井下石、要聯盟公開宣示放棄武力，盟友新潮流也認為聯盟應該留在海外打拼、扮演遊說的角色，最好不要遷台，大家心知肚明。

當時兵荒馬亂，除了少數到聖地牙哥訓練回來的島內盟員，特別是後來的台灣建國運動組織成員，留學生回來沒有交代要跟誰報到，台教會成為祕密盟員安身立命的地方。既然沒有接到訓令現身，卻又不時面對祕密流員公開冷嘲熱諷，忍辱負重，終於有一天在台大校友會館咖啡廳翻桌。黑白郎君，當然會有人去跟被請上神桌、譏為三公者撒嬌，說 XXX 老是破壞聯盟跟民進黨的關係。

這些都可以吞下肚內，反正除了做人做事，關鍵在於立場、及實踐方式的看法，很難論斷對錯。最為難的一次是台南七股濱南工業區開發之際，老盟員陳唐山縣長支持七輕石化煉油廠、反對的新潮流立委蘇煥智是大學時代就認識，左右為難。幸好，我只是小人物，沒有人要我表態。果真要我選擇，當然是以台獨聯盟優先，不能曖昧加入新潮流，更不可能為了選舉加入民進黨、背叛獨盟。

民進黨是「中華民國派」跟藍營差不多

根據民進黨在一九九九年通過的〈台灣前途決議文〉，台灣此刻已經獨立、只是目前國名是「中華民國」，因此，只剩下正名的工作，必要的時候則可以採用公投方式宣布建國制憲，因此對於所謂「台獨黨綱」敬謝不敏，自謙那只不過是一個「公投台獨黨綱」罷了。基本上，民進黨是滿足於現狀的「中華民國派」，跟藍營沒有差很多，差別在於是借殼上市、欺世盜名，那是他們的選擇。

不談法統、或是高深的學問，如果大家認為中華民國可以長治久安、願意接受暫時的所謂的「台灣實質獨立」也罷。然而，作為一個台灣獨立的信徒，要達成法理獨立至少要向世人表達我們的意願，透別是透過制憲、及加入聯合國。然而，民進黨政府竟然為了蔡英文總統的連任，不只強制將公投與大選脫鉤，還黃鼠狼拜年，規定固定在非選舉年的八月設公投日，實質剝奪我們的公投權。

蔡英文政府私心自用，卻跟獨派團體曉以大義，說是擔心統派使用公投統一，因此，為了顧主權、護台灣云云，只好忍痛脫鉤。究竟台灣獨立是否要仰賴民進黨，也就是所謂的水漲船高的說法，那是政治判斷。畢竟獨盟、以及台教會的主事者並非法政出身，我只能自責無力回天，退出是百般無奈。回想過去在外面，努力捍衛別人對父母的詆毀、回家卻要遭到斥責。終於，我自由了。

二〇一九年七月一日

蔡英文的「中華民國台灣」就是與虎謀皮

施正鋒

蔡英文在二〇一六年就任中華民國總統，迄今四度發表雙十談話，分別是〈堅定向前，讓國家因改革而偉大〉、〈更好的台灣〉、〈民主台灣、照亮世界〉、及〈堅韌之國，前進世界〉。第一年主要在講新政府內政、外交、及兩岸的方向，第二年細部闡述改革、捍衛民主自由、及尋找國際定位三大面向，第三年面對九合一選舉，基調放在國家安全、經濟實力、及社會安全，第四年面臨連任的挑戰，輕描淡寫，聚焦在民進黨政權跟中華民國的關係。

就自稱而言，由本土性的強弱來看，蔡英文先後用過台灣、這個國家、中華民國台灣、及中華民國；相對之下，對於敵人的他稱，由明確到含混，也有中國、北京當局（應該是失誤）、

	2016	2017	2018	2019
台灣（人民）	18	48	48	24
這個國家	7	0	0	0
中華民國台灣	0	0	0	2
中華民國	3	6	6	6
中國	0	0	6	3
北京（當局）	0	0	1	0
中國大陸	2	0	1	0
兩岸	19	24	3	0
字數	2931	4548	5731	2194

圖／作者提供

中國大陸、及兩岸的不同用法。在前兩年的演講，蔡英文使用相當多的「兩岸」，看來是想要表達善意；這兩年則直接使用「中國」，好像比較強硬，應該是因應韓國瑜的中國經濟牌。

既然是雙十節，儘管「台灣（人民）」出現的次數最多，還是要提「中華民國」，免得使用代名詞「這個國家」被大做文章。最引人注目的是此番新創的「中華民國台灣」，強調「中華民國已經在台灣屹立超過七十年」，嘗試把台灣與中華民國結合，彷彿忘了二二八事件是在一九四七年爆發的，高度選擇性的失憶症，明顯可以看出企圖吸納中間選民、甚至於淺藍選民。

我們知道，蔣介石的國民黨政權未經台灣人的同意，在一九四九年將中華民國搬到台灣，也就是「中華民國到台灣」；儘管後來有蔣經國的「自由化」結合「催台青」，跟歷來外來統治者一樣，基本上還是想要把台灣加以「內地化」。李登輝則透過「民主化」著手「本土化」、「台灣化」，任內把重點畫在「中華民國在台

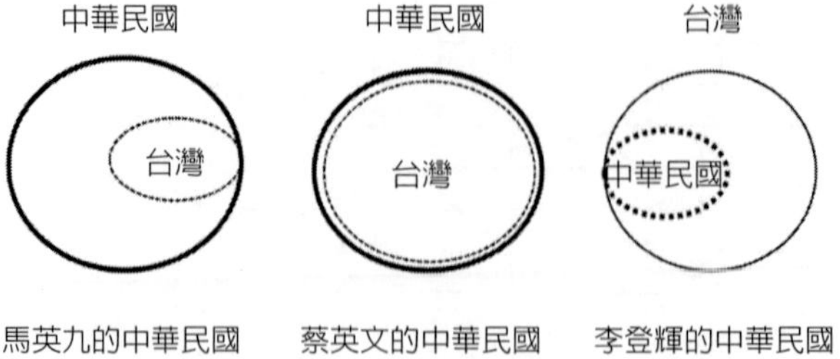

圖／作者提供

灣」，甚至於自認已經實質完成「台灣中華民國」，也就是將中華民國包含在台灣。

蔡英文將台灣「中華民國化」

陳水扁政府在二〇〇〇年上台，所謂的「一邊一國」就是「中華民國是台灣」，說穿了就是借殼上市，所謂的當家作主也不過就是取而代之。蔡英文由「台灣共識」到「維持現狀」，高舉「台灣就是中華民國、中華民國就是台灣」，將台灣與中華民國等同，也就是「台灣變成中華民國、中華民國變成台灣」，兩者無法區隔辨識；也因此，新創的「中華民國台灣」其實就是將台灣「中華民國化」，把台灣困在中華民國的桎梏中動彈不得。

如果說李登輝是將中華民國包含在台灣裡頭，馬英九則試圖將台灣包含在中華民國，而蔡英文則打算將台灣與中華民國結合為一、不分軒輊。要是國名只是符號，那就沒有什麼好計較。問題是，中華民國挑戰中華人民

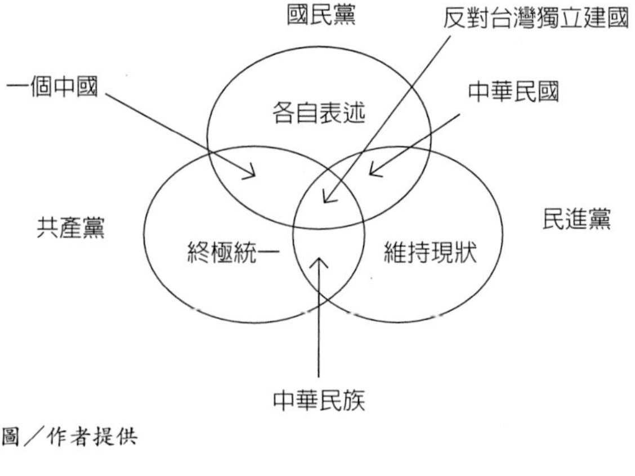

圖／作者提供

共和國的正當性，也就是誰才是中國的正統，難怪國際社會很難接受。因此，堅持「維持現狀」就是自我繳械，那是溫水煮青蛙、等待中國人民解放軍的接收。

國、共、民三黨都反對「台灣獨立建國」

整體來看，中國國民黨跟中國共產黨是在搶中國的法統：儘管雙方都同意、「一個中國」，中共的終極目標是吞掉台灣，國民黨內部有人真的希望統一，也有人相信中華民國是可以安身立命的「大屋頂」。相對之下，民進黨跟國民黨則是在搶中華民國的主導權，不管是含混其詞的「九二共識」、曖昧的「維持現狀」、還是且戰且走的「一邊一國」，本質是就是「兩個中國」，一廂情願、與虎謀皮，跳不出中國內戰的流沙。三者的共同點，就是反對「台灣獨立建國」。

二〇一九年十月十四日

正常國家沒有統派

洪博學

國民黨主席選舉，變成在台中國人的統派大拜拜，真是荒謬絕倫。

從國際指標來看，台灣各項發展名列前茅，照理應該是成功國家，對比阿富汗這種部落情結的失敗國家，生活在台灣是幸福的，可惜，台灣不正常，所以才有統派這種團體作亂，觀察目前全球國家型態，台灣最像波多黎各。波多黎各是自由邦，一八九八年，美西戰爭後，西班牙割讓波多黎各和古巴給美國，一九一七年，波多黎各人取得美國公民權，規定只要移民美國就是美國人，憲法也制定主權合併的公投權力，政府最高統治者為總督，必需經過選舉產生，正確定義波多黎各是「美國尚未合併的屬地」，中共也企圖以「中國尚未合併的屬地」定義台灣，但是台灣內部九成人民不同意，國際上也不完全接受，今年聯合國大會開幕，加拿大率先挑戰聯合國二七五八號決議文是錯誤擴張解釋，台灣主權並不屬於目前的中共國，所以台灣不正常，內容卻比波多黎各還要複雜。

為了解決國家定位問題，波多黎各已經舉辦了六次統一公投，前三次公投，多數支持維持現狀，後三次公投，多數支持併入美國，最近一次是二〇二〇年，52％支持成為美國一州，二〇一七年有97％支持併入美國，可惜投票率只有23％，未通過門檻，二〇一二年公投，支持併入美國也超過50％，可惜被美國國會否決，去年公投結果已送給美國，目前美國國會還在審議，公投是處理國家定位最文明，最合法方式，但是，在中共武力威脅下，台灣至今無法為國家定位舉辦公投，結果造成統獨兩派惡鬥，成為國家不穩定因素，中共很清楚：台灣人民拒絕統一是多數，一旦公投，台灣變成正常國家，有國家和國際保護，中共要侵略台灣，就更加困難。

公投是處理國家定位的文明方式

以台灣為主體論，統派就是廣意的分離主義者，族群認同是最大因素，克里米亞在俄羅斯槍桿下公投後，併入俄羅斯，現在烏克蘭東部地區的俄羅斯人，也起義反烏，烏克蘭脫離蘇聯獨立後，境內東部俄羅斯人不願意接受烏克蘭統治，成為分離主義者，他們以武力佔領烏克蘭東部，埋下戰爭導火線。

同樣，台灣的中國人反對被現存的政府治理，主張台灣應該併入另一個國家，這種主張也很奇怪，因為台灣不是正常國家，卻是民主國家，主張分離主義者，可以用合法方式，移民到自己喜歡的國家，事實上，已經很多人如此行動，這些人不身體力行，卻從事政治活動，企圖讓非分離主義者，跟著他的腳步前進，在台灣，統派行為遊走在叛國的灰色地帶，他們享受的言論自由，也充滿爭議。

領土和族群爭議拖累國家進步，庫德族也是同樣處境，因為信仰問題，庫德族遭受伊拉克、敘利亞迫害，難民流亡在安納托利亞高原之間，在美國政府人道干預下，雖然可以建立自治政府，但是，庫德族散居在土耳其、伊朗、伊拉克、敘利亞四國邊界，領土主權複雜，也成為獨立建國最大困難，除非聯合國強力介入，否則建國無期。

比起烏克蘭、庫德族、波多黎各或阿富汗，台灣人有幸福，也有不幸，大中國主義歷史的錯誤，正在矯正，地理因素卻使台灣無從選擇，若要期待中共理性，以民主方式對待台灣，恐怕是緣木求魚。

有幸，國際上已經知道台灣地位重要，中共擴張野心也使西方民主國家覺醒，為了台灣土地和自由生活，壓制統派的擴張與言論毒素，是台灣人責任。

二〇二一年九月二十六日

中國黨就是中國黨

洪博學

美國前國務卿萊斯說：「中共武統台灣隱含巨大風險，因此，利用台灣親中勢力，顛覆台灣民主政權，是現在進行式」，萊斯話剛說完，國民黨主席朱立倫就跳出來對號入座，其實萊斯所言，並沒有指明國民黨，國民黨實在無需把自己和親中勢力連結一起。

朱立倫認為美國接受到錯誤訊息，才會有這種認知，因此，問題又回到認知作戰。

「親中勢力」文字所指，絕對不是某個團體，而是所有反台灣，支持中共必需併吞台灣的島內力量，這種力量包含媒體、電視、網路以及潛伏台灣第五縱隊，有些人背後有老共金錢協助，有些是民族認同的志願者，分辯這些為老共賣命的在台協助者，只要從言語，行為就可以掌握，尤其是長期接受親中媒體洗腦的人，十之八九，就是願意接受中共治理的人，從最近一項民調可以看出端倪。

國民黨不認同兩個中國

亞太精英交流協會，前日公佈一項民調：支持小英總統雙十談話，新舊兩個中國，互不隸屬有70％，但是反對者有15％，這個數字比陸委會所作民調，支持互不隸屬有84％來得低，但是，值得注意的是：反對者的政黨屬性，以國民黨傾向者有53.5％反對互不隸屬，來到高峰，這個數字顯示：國民黨過半數並不認同兩個中國，至於國民黨自以為的「一個中國」，到底是那一國，恐怕用膝蓋想就知道了。

國民黨人從早期認同中華民國，演變成認同紅色中國，甚至把中華民國台灣和台獨劃等號，拒絕務實看待兩個中國，演變如此巨大，腦袋如此僵化，恐怕不是因為老共經濟發展成功，心理羨慕中國，這個單一因素所吸引，這些人長期閱聽統派紅色媒體，天天被洗腦有很大關係。

老共對台灣及美國進行感情、法律、心理三方面的認知作戰，已經行之有年，消弱美國力量，目標就是併吞台灣，效果也相當可觀，如果無效，老共不會持續進行，這種認知作戰透過媒體宣傳，美化或合理化老共所作所為，甚至不惜一切，製造假訊息，把閱聽者搞到迷糊，美國也是長期認知作戰受害者，對中國好感者比率很高，若不是武漢病毒喚醒美國社會，美國還是沉睡的獅子，已經覺醒的美國，為了反制中共認知作戰，美國中情局剛成立「中國任務中心」，大力招募會說寫中文的人力，這是美國對中共發動文鬥，反守為攻的起手式。

台灣民主化和東歐國家民主化不同，前者是威權政權自我改變，而東歐在蘇共崩潰後，贏得民主，很多國家為了轉型正義，開始進行去「共產黨化」運動，把共產黨列為非法團體，並且推倒獨裁者銅像，而台灣轉型正義卻是處處阻礙，原因就是國民黨從中杯葛。

台灣有一句俗語：「一隻牛，拖到北京也是牛」，最近我深刻體會這句話的意涵，如果台灣是一個動物農莊，只要農莊裡有這幾隻中國牛存在，想要成為正常農莊，就有得拼。

如今，這隻中國牛，已經披上紅色外衣，既然不認同自己所生活地方，就是自己的國家，也就無法擔任忠誠反對黨角色，中國黨心在中國，台灣人應該思考這隻牛的去留了。

二〇二一年十月二十一日

「去中國化」事不宜遲

洪博學

俄羅斯侵略烏克蘭，普丁把烏克蘭所進行的「去俄羅斯化」列為重要理由，原因很簡單，一個國家若要獨立，自我身分認同最為重要，普丁擔心去俄羅斯化，走向民主的烏克蘭，成為臥榻邊的大患。

烏克蘭去俄羅斯化阻力最大，釀成戰爭大禍，一邊打仗，還要一邊抓內奸叛國賊，可謂辛苦，波海三小國在去俄羅斯化過程，雖然辛苦，卻能夠成功，眼下也很擔心俄羅斯的侵略。

歷史告訴我們，外面國際阻力暫且不談，一群沒有建國意志的人民，無法建立自己的國家，靠中國人搞台獨更是不可行，「台灣民主國」的例子，就鮮明擺在那裡。

一八九五年的台灣民主國運動，被歷史學家批評為「台灣假獨立運動」，因為一干搞獨立運動的人，全部是中國人，你想，中國人搞獨立運動，不是很荒唐嗎？

這場台灣獨立運動，一開始就注定失敗的下場，因為「頭人」都是中國人，連抵抗軍都是廣東人，唐景崧用金錢雇來的「廣勇」，共三萬五千人，這是最荒唐的事情，廣勇拿錢還不辦事，不抵抗上岸接收的日軍也就算了，最後還變成劫掠民家的盜賊，台北城的富人士紳只好請日軍入城平亂，最終抵抗日軍最激烈的卻是台灣人組成的義勇軍。

一八九四年甲午戰爭，大清國兵敗，在馬關簽下割讓台灣的合約，台灣人群起反對，一八九五年五月二十三日，台灣民主國發表獨立宣言：「經議會決議，台灣全島自主，改為民主之國，官吏皆由民選，一切政務從公處置。」發表宣言後，公布民主國派令，唐景崧為大總統，副總統為丘逢甲兼任民兵司令，外交部長陳季同，內政部長俞明震，議長林維源，南部守備大將劉永福，兩天後，「藍地黃虎旗」高掛台北。但你想台灣根本沒有老虎，搞個老虎國旗，真的很唬爛。

日軍從海上炮擊獅子嶺，這一年六月四日，日軍已經包圍台北，唐景崧趁夜到淡水搭乘德國輪船逃離台灣到廈門，這位大總統只幹了十三天，台北很快淪陷，日軍逼近中部，防守中部的副總統丘逢甲，在獨立建國時高喊誓死抵抗，結果寫下「孤臣無力回天」，也跑了。

林維源被推派為議長，卻無心當官，捐出款項後，也跑到中國了。更離譜的是劉永福，在台南組織「南台灣民主國」，發行股票，向府城士紳募款，等到銀子到手後，也跑了。一堆高喊要獨立建國的中國人，全部跑光，鬧了大笑話，原因很簡單，這些人就是十足中國人，這是一場假獨立真詐財行動，被騙的還有法國人，法國人一聽到台灣要搞革命獨立建國，興趣就來了，派出兩艘巡洋艦在香港待命，準備支援台灣獨立，結果一看總統先跑了，感覺很掃興。

這場鬧劇只要看懂中國官場的人就知道，一開始就不真實，民主國的宣言暗藏玄機「台灣民主國與大清國氣脈相通，無異中土。」這句話的意思就是，不要誤會，我表面上雖然獨立了，但是，還是中國土地。你這樣搞獨立，全世界當然不相信，而且國名「台灣民主國」，卻又自號「永清」，這不就擺明，台灣搞獨立運動根本是假的。

一場台灣民主國鬧劇，給台灣獨立運動留下一個陰影，因為這是一場中國人搞出的假獨立，如今，俄烏戰爭讓中國和俄羅斯的邪惡軸心曝光了，美國和歐盟國家開始聯手，進行「去中國化運動」，而且會從紅色供應鏈開始，台灣也應該加緊去中國化，這才是建立新國家的基本條件。

二〇二二年四月四日

怎樣處理與孫文有關的銅像與中山路？

張正修

一、孫文透過蔣介石變成是強迫台灣人民膜拜的偶像

《促進轉型正義條例》通過之後，與蔣介石有關的銅像、大溪的棺柩等都成為熱門討論的話題，尤其一群年輕人跑去大溪蔣介石的棺柩潑紅漆，更加顯示出「蔣介石在台灣的統治，讓很多受害者對其統治痛恨的程度」。不過，除了蔣介石之外，在台灣的道路上，尚有許多使用孫文在日本的化名——「中山樵」的中山路與國父紀念館、中山國中、中山大學……等的公物或營造物。這些在國內倒是比較沒人加以討論，其原因很多，例如：孫文沒有統治過台灣，他與大家的生活關聯較為間接，幾乎無關，而孫文本身在中國的革命當中，可以說是一個失敗者，對於失敗者，憨厚的台灣人，比較不會去追究他的行為。

而孫文所以在台灣會成為很重要的圖騰，其實是因為蔣介石將孫文塑造成是中國道統的

繼承人，並認為他自己是孫文的正統繼承人，所以致之。一九四〇年四月，國民政府明令尊稱已去世的孫文為中華民國國父，而因為一九四九年蔣介石逃亡來台，孫文也就跟著被國民黨帶來台灣當作神，要求人民膜拜。其實，孫中山之國民革命時，根本和台灣無關，他在一九二五年去世，一九四〇年他被國民黨政府，封為「國父」，台灣當時還是日本治下領土，與台灣何干？

本來，任何道路或是公共設施的命名應該是由人民透過討論，而由人民選擇自己認為是有價值的名字，而將之冠在各種公共設施上面。但是國內長期以來，是由外來政權的國民黨所統治，因此人民並沒有什麼機會，來決定各種公共事務或公共設施的名稱。此次透過《促進轉型正義條例》，要來改變外來政權所帶來的迫害象徵，毋寧顯示出台灣還是有著一群抱持國民黨意識形態的人，無法融入台灣社會，仍然以頑強的意識形態，對於台灣的轉型正義進行反抗，甚至與對岸中國合作要消滅台灣。或許把歷史講清楚，是使這群人縮小的最好方法。

二、孫文其實是出賣中國國家利益的未遂者

中國的政權是很喜歡說謊話的，國民黨稱孫文是「國父」，而中國共產黨則稱孫文是中國近代民主革命的「偉大先行者」，但是如果把孫文的歷史加以解開，這些被中國政權騙得

死死的中國人，或許會相當吃驚。因為我們會發現到孫文，其實是出賣中國國家利益的未遂者，如果用中國人的講法來說，孫文其實是為政治利益而多次勾結外國、允以在中國的利益的「政客」。這我們可以從如下的歷史來做論證：

各位都知道孫文在革命之初倡導「驅逐韃虜，恢復中華」，他一開始的時候，是要打倒滿清以恢復漢人的統治。但是孫文並沒有足夠的力量打倒滿清。這個時候，孫文所採取的手段其實就是出賣國家利益以取得外國的援助。

（一）承認英國的權益以獲取援助

在孫文的想法當中最早所出現的是「以英日制清」，換句話說，他的戰略是與英國及日本合作，以打倒清朝。一九〇〇年，北方出現義和團運動，孫文想要利用清政府混亂之際，以廣東為中心，來進行打倒滿清的武裝革命，具體來說，這就是他第二次的惠州之役。當時，他想要取得英國的香港總督，與清朝兩廣總督李鴻章的援助，以推動廣東獨立的計畫。他就送信給當時的香港總督，在信中他表示：如果中國成為近代國家，那麼在全中國所存在的英國傳教士與基督教的安全，都會受到保障。在這個信中，孫文不只沒有對英國侵略中國一事有任何的指責，反而是承認英國在中國傳教，肯定英國權益擴大的現狀。

（二）求助於台灣總督──兒玉源太郎

當孫文知道無法期待英國援助的時候，他開始求助於日本。當時台灣總督是兒玉源太郎，他請求兒玉總督，幫忙革命軍對廈門進攻。當時，兒玉總督策劃從廈門向整個福建擴大影響力，孫文就以此為交換條件，而期待日本的軍事援助。

（三）出租滿州的借款計畫

在辛亥革命的時候，孫文推動出租滿州的借款計畫。當時，他與元老桂太郎與三井物產聯絡，請求給與革命軍武器援助。這個出租滿州的借款計畫，就是要將滿州租借給日本，而獲得軍事費用一千萬圓的貸款。在孫文的這個計畫當中，所展現出來的基本戰略就是：即使出賣滿州這個國家利益，也要取得日本的援助。

（四）二十一條要求的先行條款──《中日盟約》

第一次世界大戰期間，孫文曾與日本人互換《中日盟約》，而這個日本人是前滿州鐵道理事長犬塚信太郎。在這個盟約中，所約定的是日本給與援助，而他則保證日本在政治、經濟、外交、軍事方面所具有的優越地位。這個盟約其實跟日本對北洋政府所提出的二十一條要求的第五款的內容相比，是有很多的部分是一致的。孫文在當時所以會有這樣的作為。其實是為了對抗當時掌控北京政府的北洋政府袁世凱。這樣的孫文其實是為了達成其政治目的不擇手段，即使是犧牲一定的國家利益，也要借助於外國的力量。

（五）國共合作是中國內戰開始的契機

各位都知道，促進國共第一次合作的最重要人物，就是孫文。孫文在一九二三年一月的《孫文越飛宣言》當中，決定與蘇聯合作，當時孫文透過越飛與馬林，向蘇聯所要求的具體援助是軍事援助，他要求蘇聯從海參威寄送兩百萬盧布至廣東，並要購買相當多的武器。當時，孫文將其戰略轉變成「以蘇聯制帝國主義列強」的戰略。本來，在第一次世界大戰以前，孫文將其期待放在日本的身上，但是在與日本的來往之中，他深感這是不太有希望的期待，而開始要尋找新的合作者。

特別一九二二年，陳炯明叛變，使得孫文喪失了廣東的革命根據地，並使孫文失意至極。當時對孫文伸出援手的，就是蘇聯。但是孫文與蘇聯的合作，其實最重要的原因，是孫文當時所面對的敵人，是直隸派軍閥的曹錕政府，而曹錕與當時的英國有很深的關係，所以孫文就選擇與英國處於對抗關係的蘇聯合作，而建構其戰略。這次，從表面上來看，孫文並沒有出賣任何國家利益給蘇聯，但是卻引進了共產黨入黨。

孫文因為這次的「聯蘇容共」，使得他第一次成為真正具有武裝力量的領袖。這個聯蘇容共的引進所以能夠成功，全繫於他一個人身上，孫文對蘇聯的理解並不深，毋寧這是給他成為真正有實力的領袖，讓他可以打倒曹錕政府的機會。只是因為他的死亡，就使國共分裂，而形成長期的國共內戰。這是不是可以說成：孫文為了滿足自己成為真正領袖的欲望，而犧牲全中國的利益呢？

三、對於與孫文有關事物的處理

其實孫文與毛澤東很像，毛澤東為了打倒蔣介石，偷偷地與日本政府合作，用以擴大共產黨的勢力，毛澤東是個典型的漢奸，相對地，孫文是個出賣中國利益未遂的漢奸。不過，這是中國人的家務事，跟台灣沒有什麼關係。那麼我們應該怎麼處理與孫文有關的事物呢？其實孫文是透過蔣介石與國民黨而被帶至台灣的，他的存在是帶給威權政府擁有法統正當性的象徵，是附屬於威權象徵的存在，因此，與孫文有關的事物，是應該從這個角度加以處理的。

二〇一八年三月十四日

實施陪審可以提升辦案效率減少冤獄

張正修

一、陪審是洪水猛獸嗎？

在司法院的眼裡，陪審制好像洪水猛獸。但是如果我們真的從制度面與其實際實施的效果來看，陪審的實施可以大幅減輕法官審理的負擔，也可以使檢察官認真辦案。為什麼我這麼說呢？

二、證據公開的程序使檢察官認真

各位或許知道，在美國，犯罪主要由警察偵查，警察把案件移送至檢察官，而由檢察官提起訴訟之後，要在「正式審理前」（pre-trial）的程序經過「證據公開」（國內與日本稱為

「證據開示」）的過程。在這個過程，原則上，證據必須全部公開，舉一例來說，華盛頓州的檢察官有義務公開的證據是：（一）檢察官在審問與正式審理時所想傳喚之人的名字、住所與其筆錄乃至口頭陳述之內容，（二）有共同被告時，這些人的筆錄乃至口頭陳述之內容，（三）鑑定人有關當該案件的報告書等，（四）檢方想要提出於審問或正式審理的書、報紙、文書、相片或有形物，乃至從被告所取得，或其所有之物，（五）對於被告與檢方所欲傳喚之證人，檢察官所掌握的前科與履歷……等。

證據公開程序非常複雜，以上只是其中一例而已，原則上被告可以就其有利的證據，要求檢察官公開。當然，各位讀者會擔憂兇惡的被告或犯罪集團會利用證據開示對證人不利或藉以製造新證等，這些在美國的訴訟制度都有考慮到，所以法院會按照各別的案件，慎重考慮公開的利益與不利，如果危險是現實存在的話，法官可以例外使之不公開。

三、足夠的證據會讓被告認罪協商

證據開示程序完畢之後，各位就大致可以知道：認真的檢察官所收集的證據等如果很仔細而被告一看就知道自己難逃法網時，那麼被告就會「認罪協商」。但是在證據並不是很充分時，被告就會要求進入正式的審理（trial）。

進入正式審理之後，被告也不一定會要求組成陪審團進行審理，例如被告認為法官值得信賴時，他可以直接請求法官審理而不組成陪審團，這在英文被稱為「Bench Trial」。

四、陪審是拯救被冤枉的人的最後手段

所以各位應該可以知道，案件是否會進入陪審的關鍵在於檢察官收集的證據等是否足夠。國內的檢察官是否很認真呢？我們大家心中都有一把尺。如果檢察官不認真，那麼即使引進國民法官制，職業法官和國民法官還是會忙的不可開交，國家的資源就真的被糟蹋了。

五、共產黨為何討厭陪審？

透過上面的介紹，各位應可知道，當人民對檢察官、法官不信的時候，人民是可以用陪審來洗刷冤獄的，這也是為什麼中國共產黨無論如何要在港版國安法把陪審刪除的原因。

二〇二〇年七月十三日

李登輝總統與武士道

張正修

一、新渡戶稻造的「武士道」

在《李登輝の実践哲学》一書中，李總統提到新渡戶稻造的《武士道》對他的影響。在談《武士道》」這本書對李總統的影響之前，先讓我簡單介紹一下《武士道》這本書的簡要內容。

（一）新渡戶稻造的生平與寫書的動機

新渡戶稻造於一八六二年出生於盛岡，在札幌農學校（現在的北海道大學）時，因克拉克教授的影響而信仰基督教。其後他進入東京大學，由於對教育程度的失望，他就退學去美國學習經濟學等等，而成為貴格派（Quaker）的教徒。他回日本之後，從札幌農學校的教授成為高中的校長，並倡導教養主義。

他在明治三十年的時候，用英文出版了《武士道》一書。他在序文中提到他寫書的動機。他說他曾在比利時的法學家拉布雷氏的家中度過數日，兩人出去散步的時候，雙方的對話談及宗教。拉氏就問：「你的學校沒有宗教教育嗎？」他回答說：「沒有」。拉氏非常驚訝，就停下來說：「那麼，你們是如何授予子孫道德教育的呢？」新渡戶稻造對這個提問嚇了一跳，而開始回想與反省。他發覺到他幼年所學到的人倫之教並不是在學校裡學到的，而灌輸人們的善惡之觀念的是「武士道」。

他的老婆是美國人，屢屢會就日本人的想法、習慣問他。為了回答拉氏與他的老婆之提問，他就在一八九八年，於美國，在生病療養當中以口述的方式寫了《武士道》（Bushido: The Soul of Japan），這本書的日譯本是由新渡戶稻造的門生矢內原忠雄翻譯的。

（二）《武士道》一書之大要

新渡戶說：武士道一言以蔽之，就是「伴隨高貴身分者所產生的義務（noblesse oblidge）」。新渡戶認為日本的封建制度是在源賴朝開創鎌倉幕府的時候。武士就在這個時代活躍於日本社會。武士本來是以打仗為其本業，但是如果他們站在社會的中心而為所欲為的話，那麼社會是無法運作的。因此，武士之間就被要求要有「fair play（公平競爭）」的精神」。於是在武士的生活當中，就產生了武士道之崇高的道德律。

武士道的最重要的基本條件是「義」與「勇」，而與人相處時重要的德行是「仁」、「禮」、「誠」，武士要拚命去守住的德是「名譽」與「忠義」。這就是武士道的七個德。

(三) 武士道的精神

其實，在日本江戶幕府第八代將軍德川吉宗的年代，佐賀藩士山本常朝口述了一本武士的修養書—《葉隱》。這本書的開頭寫著：「所謂武士道就是找到死」。山本說：「常住死身」，其意是：無論在什麼時候，抱持著死的覺悟時，是會產生好的結果的。換句話說，武士道與其說是重視「死法」，不如說是重視「活下去的態度、方法」。

對於「死」的問題，新渡戶稻造說：「對於武人來說，究竟的理想是和平。」而在《武士道》一書中，第三章是談「義」，也就是說：「對於武士來說，沒有比做幕後交易與不正當之行為更令人憎恨的東西。」其次，對於「勇」，他說：「勇氣如果不是基於義而發動的話，那麼就沒有被列舉到德目當中的價值。」至於「仁」，他說：「愛、寬容、對於他人的同情、憐憫之情總是至高之德，亦即是人的靈魂所具有的所有性質當中之最高者。」

二、李總統要用武士道的公共精神來建立台灣人的自我認同

（一）台灣人的自我認同與日本人的自立要以武士道為教材

李總統說：《武士道》所說的「躬行」就是：一旦認為是好的，就要立刻去實踐、去實行，換句話說，要言行一致。假如周圍有人做著種種奇怪的事，不能默視不見。

他說：為了使台灣人要明確地把「公」與「私」分離，以「公」的精神來推動台灣人的自我認同（identity）的形成，以《武士道》這本書為教材是最適當的。同時他也說：新渡戶稻造在《武士道》這本書中有說到：日本的武士道的淵源與其說是中國文明的影響，不如說是日本古來的東西。新渡戶稻造指出：日本人有「自虐性」、有「否定過去的自我傷害的價值觀」，並主張：「日本人要從自傷的價值觀之束縛解放出來」，「日本人有自立的必要性」。

（二）沒有實踐哲學的中華思想

在與武士道之思想的對比之下，李總統認為「中國的傳統」不外是「崇拜寫成文字的宗教，不去直視現實，卻依靠口號來追求心裡的滿足」。所謂「寫成文字的宗教」就是儒教，而儒教不外是與科舉制度同時來支撐皇帝型權力的意識型態，只是在講空想的理想社會，並無法帶給人民內心的平安。正因為信奉這樣的東西，所以盡是拘泥於所謂的面子，跟隨著空

洞的口號擺弄舞姿。儒教的思想裡頭，所謂「死與復活」的因素是很淡薄的，並沒有否定事物的契機。因為這個緣故，儒教對於「生」的肯定就特別的強烈。這種危險性就帶給中國的傳統影響。

他說：在「三國志」的世界出現了劉備、孫權、曹操等許多的戰略家、戰術家。但是從「政治的實踐」這個意義來看，他們並沒有留下什麼大的事業。換句話說，就是這些人並沒有思想。諸葛亮確實是很厲害的戰略家、戰術家，但是他結果也沒有超越中華傳統的思想。對於明末的黃宗羲，井尻教授說：「他在明朝末葉，自己率領武裝組織，與清鬥爭，並嘗試想要從中國王朝的循環性交替的傳統脫離，也就是想要從皇帝型權力脫離。」他並說：「黃宗羲批判中國的專制政治、中華思想，而想要從皇帝型權力跳脫的思想，不是可以成為參考嗎？」。李總統的回答是：黃宗羲的腦子裡縱然有這樣的想法，但他畢竟是一個隱遁的學者，在現實的政策面上，他什麼也沒辦法實踐。結果從實踐的層面去超越「大中華之思惟、想法」的例子一個也沒有。像毛澤東的「連續革命論」其實在實踐的層面上，就產生了新的皇帝型權力，即是共產黨獨裁。

三、結論

有關李登輝總統與武士道的思想之關聯，國內已有許多介紹，但用來批判中華思想的介紹似乎較少見。日本的武士在江戶時代確立了公私分明的倫理，這與中國的公是由皇帝與官僚所把持以便用來統治人民是完全不一樣的。尤其有儒教素養的讀書人，在儒家強烈的家族主義之下，就很容易形成雙面人，很容易假公濟私，而使地方成為地主階級掌控地方政治的地盤。李總統很顯然看出了有儒教素養的讀書人並不是要解決問題的公務員。

二〇二一年十一月十一日

走出邦交國數目迷思

張旭成

聖多美普林西比與台灣斷交，轉而擁抱中共政權，是值得慶幸的事。這種國家的領導人貪得無厭，獅子大開口，向我政府索取兩億一千萬美元的援助，未能得逞，就投向北京。我們不但不應為失掉損友感到遺憾，還應熱烈「歡送」。

北京買走這樣的政府，得到偌大好處嗎？如果北京用收買聖多美普林西比的技倆以施壓蔡英文，逼她接受九二共識，這未免太膚淺，徒勞無功。北京放話要買光中華民國的邦交國，我們不必驚慌，因為剩下就是台灣。

吾人期待邦交國應有助於提昇台灣地位和國際參與，加強台灣的安全，及促進經貿。儘管台灣與巴拿馬、瓜地馬拉、薩爾瓦多、宏都拉斯和尼加拉瓜等國簽了自由貿易協定，但台灣與這五國的貿易額少之又少，只佔台灣全球貿易的0.14%。台灣本期待邦交國至少在台灣參與國際組織的議題上能有助力，但情況令人失望。親民黨立委李桐豪指出，二〇一五年在二十二個邦交國中，除了教廷以外，十二個國家未就台灣參與「聯合國氣候變化綱要公約」

（UNFCCC）幫忙發言，另外五國未寫信表示支持。某些邦交國已走出與北京建交的第一步，與中國互設商務辦事處。去年（二〇一五）一月上旬，台灣在拉美及加勒比海地區的邦交國當中，巴拉圭、多明尼加、薩爾瓦多、瓜地馬拉、宏都拉斯、海地、尼加拉瓜和巴拿馬等八國外長出席，在北京舉行的「中拉共同體論壇」（CELAC）首屆部長會議可說一葉知秋。

不可諱言，眾多邦交國維持與台灣邦交，因為台灣每年都提供援助。不久前瓜地馬拉總統因為把台灣政府援款中飽私囊而被揭發和定罪。如甘比亞總統賈梅（Yahya Jammeh），貪得無饜，十八年來私吞可觀的台灣援款後，二〇一四年又獅子大開口要求鉅款，未能得逞而宣布與台灣斷交。

朝野政黨和民間多年來深受「邦交國數目迷思」之害，總是不惜花大錢維持門面。民進黨第一次執政末期，外交部長黃志芳曾透過掮客吳思材和金紀玖，欲以三千萬美元購買巴布亞紐幾內亞（PNG）的外交。東窗事發後，這兩位外交騙子雖未騙走台灣人民的血汗錢，但對巴紐案的支票外交（check diplomacy）醜聞大大傷害台灣人民和政府的尊嚴和聲譽。目前外交部長李大維是專業外交官，他拒絕聖多美普林西比敲詐，值得喝采。

外交部二〇一七預算編列援助友邦經費，聖多美普林西比被北京買走，台灣節省了一援外款項，可用來推動和支持國際開發、國際合作、國際關懷與救助、醫療及慈善等二〇一一年美國政府AID署長曾訪台，邀請台灣與美國合作支援國際開發、環保援外項目。美台在二〇一五年簽訂「環球合作訓練架構」（GCTF）備忘錄，開發及參與，台灣未來在國際間將更活躍，能見度更高。

外交經費要用在「刀口上」，尤其是攸關台灣國際地位、國安和外貿的美、日、東協和歐盟。我們應重視他們的官員、國會、公民社會和媒體。因為外交重要，所以不能只依靠外交部和職業外交官。台灣應該強調「公共外交」（public diplomacy），發揮公民社會的創意，外交論述和實際參與。

二〇一六年十二月二十一日

理性評估台灣嚇阻戰略

張旭成

一九八八年，中科院張憲義上校向美國洩漏台灣的核武發展已經到達美國的紅線，即有能力在六個月內製造出核子武器並投射，引發美國大動作強制台灣拆除相關設施。嗣後台灣政府領導人公開宣示：台灣不研發核武。

台灣現在發展核武，可能死得更快

隨著陳儀深教授的張憲義口述歷史發表，戰略與軍事學者提出台灣是否應研發核武以嚇阻中共犯台的相關問題。從宏觀的戰略與軍事而言，核子武器究竟是台灣保護傘或是招致敵方先制攻擊的誘因？美、俄之所以能夠以核子武器在冷戰時期對峙，是因為兩國都是國[illegible]闊，足以承受第一波核子攻擊，而且兩國都有相當數量的核子戰略潛艦和其他核子[illegible]武器可以保證相互毀滅（MAD）。

至於台灣，地狹人稠，毫無國土戰略縱深可言。一旦敵人先制攻擊，或首先使用核武，台灣恐難有「第二擊」報復打擊能力。在這種不利的條件下，擁有核子武器反而更容易招致敵方的核子攻擊，這一點國人要深思。

台灣優勢戰略，是網路資訊作戰

為了達成嚇阻的目的，台灣應該努力發展非致命性戰略嚇阻手段，開發成本低、效益高，兼具嚇阻、先制的戰略價值、能廣泛運用的「殺手鐧」以癱瘓敵方政軍指揮、管制、電腦、通訊、情報、監控（C4ISR）機制能量，使敵方裝備喪失戰鬥力，例如網路資訊作戰。政府早先即傳出有意建立第四軍種「網軍」的構想。台灣資訊人才非常傑出，應該加速網軍的建構，作為戰略嚇阻的依靠。

上星期英國路透社報導說，中共正在考慮從軍事和經濟上懲罰台灣，有可能在接近台灣的地點舉行軍事演習，或是必要時停止「三通」在經濟上孤立台灣，「讓台灣經濟撐不下去」。這是北京從戰略層次推出的，包括「法律戰」、「心理戰」的對台作戰模式，得到台灣內部北京傳聲筒的配合，政府卻未能妥善因應。

在這敏感時機令人不解和失望的是，國防部對於中共航母遼寧艦在台灣周邊海域進行演練的公開武嚇事件，保持低調，任憑國內媒體進行臆測和炒作。國防部應該在國人眾說紛紜之際，提出有力的說明才是負責任的做法。遼寧艦到目前仍然只是訓練用的艦艇，戰力對台灣的威脅相當有限，我軍現役的反艦武器如雄風三型反艦飛彈有能力將之擊沈，讓國人安心和有信心。

同樣重要的，政府應向國際社會提出有力的論述，北京對台灣「武統」或斷絕三通的恫嚇是破壞台海及東南亞的和平與穩定，尤其是美國根據其《台灣關係法》及本身戰略利益，不可視若無睹。

政府應該向人民分析中共一連串分化台灣社會、拉攏國民黨和親共團體及第五縱隊打擊政府及支持的公民團體的統戰技倆。國民黨及退將親共勢力為私利而臣服北京，為虎作倀，是自絕於台灣人民，將被人民唾棄，丟進歷史的垃圾堆。

二〇一七年一月十日

民報文化藝術叢書02　PF0328

台灣人的心頭話

──《民報》評論選集（一）

主　　編／劉志聰、陳永興
作　　者／民報專欄作者群
責任編輯／鄭伊庭、石書豪
圖文排版／黃莉珊
封面設計／吳咏潔

出版策劃／獨立作家
發 行 人／宋政坤
法律顧問／毛國樑　律師
製作發行／秀威資訊科技股份有限公司
地址：114 台北市內湖區瑞光路76巷65號1樓
電話：+886-2-2796-3638　傳真：+886-2-2796-1377
服務信箱：service@showwe.com.tw
展售門市／國家書店【松江門市】
地址：104 台北市中山區松江路209號1樓
電話：+886-2-2518-0207　傳真：+886-2-2518-0778
網路訂購／秀威網路書店：https://store.showwe.tw
國家網路書店：https://www.govbooks.com.tw

出版日期／2022年11月　BOD一版　定價／320元

獨立作家
Independent Author
寫自己的故事，唱自己的歌

版權所有・翻印必究　Printed in Taiwan　本書如有缺頁、破損或裝訂錯誤，請寄回更換
Copyright © 2022 by Showwe Information Co., Ltd.All Rights Reserved

讀者回函卡

台灣人的心頭話：<<民報>>評論選集 / 劉志聰,
陳永興主編. -- 一版. -- 臺北市：獨立作家,
2022.11
冊； 公分. -- (民報文化叢書 ; 2-3)
BOD版
ISBN 978-626-96328-8-6 (第1冊：平裝). --
ISBN 978-626-96328-9-3 (第2冊：平裝)

1.CST: 臺灣政治 2.CST: 時事評論 3.CST: 文集

574.3307 111015280

國家圖書館出版品預行編目